Paula Herbst

Ein fremdes Kind

Zweiter Band

Paula Herbst

Ein fremdes Kind
Zweiter Band

ISBN/EAN: 9783743425286

Hergestellt in Europa, USA, Kanada, Australien, Japan

Cover: Foto ©ninafisch / pixelio.de

Manufactured and distributed by brebook publishing software (www.brebook.com)

Paula Herbst

Ein fremdes Kind

Ein fremdes Kind.

———

Zweiter Band.

———

Erstes Kapitel.

—

Da Walpurg nicht den Geburtstag der kleinen Leonie kannte, so ward der Tag, der sie in ihr Haus geführt, als derselbe betrachtet, und er sollte fortan mit allen möglichen Ehren gefeiert werden wie der Geburtstag eines eignen, heißgeliebten Kindes. Heute war der erste Jahrestag, und die Kleine war reichlich mit Dingen beschenkt worden, deren Werth sie natürlich noch nicht kannte, dafern er über den Standpunkt einer Puppe oder eines Spielzeuges hinausging.

Walpurg's Erwartungen ware nin keiner Hinsicht getäuscht worden. Die Pflege des kleinen Wesens gewährte ihr die gewünschte Zerstreuung, und ihr liebendes und liebebedürftiges Herz fand die nöthige Nahrung in der anfangs hilflosen Annahme und der späteren

1 *

schwachen Erwiderung ihrer Liebkosungen, denn wer wüßte nicht, von welchem unendlichen Werth die geringen Fortschritte eines kleinen Wesens für seine Pflegerin sind.

Anders war es mit Klausthal; er war eine so ruhig angelegte Natur, daß ihm die Beschäftigung mit einem eignen Kinde in diesem zarten Alter kaum mehr als ein flüchtiges Lächeln entlockt haben würde, wie viel weniger konnte ihn ein fremdes Kind inter= essiren. Er zeigte bald nach dem Eintritt desselben in sein Haus so unverhohlen, wie sehr es ihn störte, daß Wal= purg als eine kluge Frau ihn so wenig als möglich durch dasselbe belästigen ließ, so bald sie ein Mal diese für sie so schmerzliche Entdeckung gemacht.

Anfangs war sie ihm stets mit dem Kinde auf dem Arme entgegengetreten, sie unterhielt ihn von dem Kinde, wenn es schlief oder abwesend war, und richtete den ganzen Haushalt so ein, wie es das Wohlbefinden des Kindes nöthig machte; denn da das kleine Geschöpf sie ein Mal in ihrem innersten Wesen in Anspruch nahm, konnte sie bei ihrer Wahrhaftigkeit und Offenheit auch nicht darüber schweigen. In ihrem Glücke übersah sie seine gereizte Stimmung, überhörte sie Bemerkungen, die sie hätten über den Zustand seines Innern aufklä= ren müssen. Doch dies dauerte nur kurze Zeit; bald lernte sie begreifen, daß dies fremde Kind von ihm nur geduldet würde, so lange es die zweite Person in sei=

nem Hause und in ihrem Herzen war, er also nicht durch dasselbe beeinträchtigt ward. Sollte es in den Vordergrund gedrängt werden und er dadurch leiden, so mußte sie erwarten, daß er es haßen lernte, oder auf seine Entfernung dränge. Keins von Beidem durfte stattfinden, denn jetzt schon war das kleine entzückende Mädchen ein Theil von Walpurg's Leben und es ward ihr immer theurer, je exclusiver sich ihr Gatte in Bezug auf dasselbe zeigte. Diese Liebe für das Kind zeigte sich nicht blos in der Sorge für dasselbe hinsichtlich seiner Person, sondern auch in dem veränderten Benehmen gegen Klausthal. Sie, die früher so viele Ansprüche an seine Nachsicht gemacht, ward die zuvorkommendste und aufmerksamste Gattin, einestheils, weil er ihr gestattete, ihr Kleinod zu behalten, anderntheils, weil sie jetzt besaß, was ihr gefehlt, und weil sie sich befriedigt fühlte und ihm die Liebe, die sie selbst empfand, einzuhauchen wünschte, damit er auch von diesem beseligenden Gefühle berührt werden möchte.

So war es auch an dem Geburtstage Leoniens gewesen. So sehr dies für Walpurg ein Festtag war, Felix Klausthal ward in keiner Weise belästigt, und als er am Abend in's Zimmer seiner Gattin trat, um sie zu einem Spaziergange abzuholen, war die Kleine bereits zur Ruhe gebracht, obschon sie sie heute lieblicher und verständiger gefunden, als früher. Walpurg wartete, zum Ausgehen angekleidet, auf ihn schon seit einer halben Stunde, und es war ein Opfer, daß sie sich losgerissen. Dennoch brachte sie es gern.

„Entschuldige," sagte Felix kurz, als er eintrat, „daß ich Dich warten ließ, ich hatte erst noch einen Brief zu beantworten, der mit der Post fort sollte."

„Daß ich warten mußte, hat durchaus Nichts auf sich, theurer Felix. Weit mehr bekümmert es mich, daß Du verstimmt bist. Ist Dir etwas Unangenehmes begegnet?"

Er gab keine Antwort, sondern schritt der Thür zu, hielt sie halb offen und lud seine Gattin durch eine Verbeugung ein, den Ausgang zu passiren.

Sie folgte der Einladung, ging mit einer graziö=sen Verbeugung gegen ihn, aber schelmisch lächelnd, der Thür zu und lächelte ihn abermals an, als er die Au=genbrauen zusammenzog. Hätte sie ihrem Herzen folgen können, so wäre sie noch auf einen Augenblick an das kleine Bettchen gegangen, als sie an der Thür der Kinderstube vorbeikam, hätte den kleinen Engel nochmals betrachtet und einen Kuß auf die rothen, halbgeöffneten Lippen gedrückt. Da Klausthal aber nicht freundlich war, bezwang sie dies Verlangen und ging rasch den Gang entlang, die Treppe hinunter und durch die elegante Einfahrt nach der Straße, wo sie ihn erwarten wollte.

Klausthal hatte sie bald eingeholt und bot ihr den Arm. Sie steckte den ihrigen durch den seinen, schaute zur fleißigen Näherin hinauf und grüßte sie durch ein Lächeln und freundliches Nicken.

„Wie hübsch die arme bleiche Frau jetzt aussieht," dachte die Näherin, „jetzt wo sie lächelt und das volle, frische Leben in ihren Adern pulsirt, während er ein Candidat des Todes zu sein scheint."

Klausthal's Aussehen war allerdings in der letzten Zeit kein gutes gewesen, und heute, wo er unter dem Einflusse peinlicher Gefühle stand, ganz besonders auffallend. Sogar Walpurg betrachtete ihn mit dem Ausdruck der Sorge und hätte gern ihre Frage, ob ihm etwas Unangenehmes geschehen sei, erneuert, wenn sie nicht gefürchtet hätte, es sei vergebene Mühe, oder ihm selbst unangenehm. — Wie oft tauschen Menschen ihre Rollen! — Sonst war es Walpurg gewesen, die schweigend an seinem Arme dahinschritt, während er sich mühte, sie aufzuheitern. Jetzt plauderte sie und mühte sich, ihm ein Lächeln abzugewinnen, während er von seinen Gedanken so ausschließlich in Anspruch genommen ward, daß er es gar nicht bemerkte. Es schmerzte sie, daß er sie vernachlässigte, und bekümmerte sie, daß er ihr verschwieg, was ihn bedrückte. Sie kämpfte aber tapfer jede Empfindlichkeit nieder, wohl wissend, daß dieselbe das Uebel noch schlimmer machen würde.

So waren sie bis vor die Stadt gekommen, sie bogen von der Straße ab und lenkten ihre Schritte nach dem Flußufer, um auf dem großen Damme hin bis zur Fähre zu gehen. Hier blieb Walpurg stehen, schmiegte ihren Kopf an seinen Arm und flüsterte, da der Fähr= mann noch nicht zur Stelle war, in schmeichelndem Tone : „Felix, willst Du mir nicht sagen, was gesche= hen ist?"

Er fuhr zusammen, sah sie mit einem seltsamen Blicke an und antwortete nach kurzem Nachdenken:

„Ich erhielt heute einen Brief."

„Einen Brief? Einen Geschäftsbrief natürlich, der Dich von einem Verluste benachrichtigte."

„Nein, einen Brief von meinem Bruder."

„Das ist etwas Andres; diese Briefe verstimmen Dich gewöhnlich, armer Mann."

„Es ist neuer Zuwachs der Familie erfolgt, und er ist der Meinung, daß wir doch weit eher und weit lieber einem seiner vielen Kinder eine Zufluchtsstätte in unserm Hause gönnen sollten, als einem fremden Kinde, von dem wir ja nicht wissen, welche Keime des Bösen es in sich verschließt, da wir seine Herkunft nicht ken= nen und nicht wissen, was seine Eltern verbrochen ha= ben, daß sie sich seiner entledigen mußten."

Walpurg schwieg, sie erhob ihr Auge nicht vom Boden, er sollte ihre Thränen nicht sehen, aber er sah ihre bleiche Wange, ihre zitternde Lippe und ihren inneren Kampf.

Hätte er mit dem Briefe seines Bruders nicht zugleich noch einen andern erhalten, so würden diese Zeichen von Schmerz und Unruhe in den Zügen des geliebten Weibes ihn plötzlich weich gemacht haben. So aber fuhr er unbarmherzig fort, beinahe froh, sie ebenfalls leiden zu sehen:

„Mein Bruder hat Recht, das Brot, welches wir der Fremden reichen, entziehen wir Denen, die es bedürfen und ein Recht auf unsere Rücksicht haben.“

In Walpurg's Seele brandete und schäumte es auf. Das Brot, welches das kleine Mädchen aß, ward von den Zinsen ihres Vermögens beschafft, und sie besaß so Viel, daß sie den Aufwand desselben hätte verzehnfachen können, ohne deßhalb Anspruch an die Börse des Gatten machen zu müssen. Sie erwähnte aber Nichts hiervon, sondern fragte blos, die großen Augen zu ihm aufschlagend, mit leiser Stimme:

„Solltest Du wirklich wünschen, ein Kind Deiner Schwägerin im Hause zu haben?

„Ich habe nicht gesagt, daß ich entschlossen bin, eine meiner Nichten zu mir zu nehmen. Es verstimmt mich blos, wenn mein Bruder, und neben ihm noch eine Menge anderer Leute, eine Ungerechtigkeit darin sehen, daß wir ein fremdes Kind erziehen.“

„Felix, es muß Dir etwas ganz Außerordentliches geschehen sein, daß Du so hart sein kannst und Deine Handlungen von dem Urtheile der Menge abhängig machst, nachdem Du beständig behauptetest, daß Dir ihr Urtheil höchst gleichgiltig sei."

Felix ward verlegen, und Walpurg sagte:

„Laß uns jetzt abbrechen und von etwas Anderem sprechen; der Abend ist zu schön, um ihn durch Streit und Hader zu entweihen. Ich werde Dir lieber erzählen, wie ich die Familie des Arbeiters gefunden, der ich heute Deine Unterstützung hintrug."

Während Walpurg sprach und Klausthal zuzuhören schien, gewann er seine gewöhnliche Ruhe wieder. An der Fähre trafen noch einige Bekannte mit ihnen zusammen, sie machten die Ueberfahrt gemeinschaftlich, und als sie das jenseitige Ufer erreichten und dem nahen Dörfchen gemeinschaftlich zuschritten, fragte ein Kaufmann, der eine der beiden Töchter des Herrn Magistratsassessors geheirathet, die das flotte Geschäft des Papas als Mitgift erhalten, rasch an Walpurg's Seite tretend:

„Haben Sie schon gehört, liebes Mühmchen, daß meine Schwägerin, die Frau Senator Müller in Klingenberg, gestorben ist?"

„Ist das möglich?" fragte Walpurg erschrocken.

„Die gesunde lebensfrohe Thusnelda, der ich ein hohes

Alter prophezeiht haben würde, da sie jedem Verhältniß
die beste Seite abzugewinnen wußte?"

"Ja, sie ist todt! Vor zwei Stunden erhielten wir
die Nachricht, und jetzt habe ich eben meine Frau zur
Post gebracht, die wenigstens die Leiche noch ein Mal
zu sehen wünscht, da sie von der Schwester nicht Ab=
schied nehmen konnte."

"War eine längere Krankheit diesem traurigen
Falle vorausgegangen?" fragte Walpurg theilnehmend.

"Nein, nur das Unwohlsein weniger Tage."

Walpurg war tief ergriffen. Sie hatte in Folge
des Wunsches ihres Gatten bald nach ihrer Vermäh=
lung den Umgang mit der Familie abgebrochen. Der
Vater hatte sich zu einem Sohne gewendet, Thusnelda
eroberte, Dank der Bemühungen Klausthal's, ein Ge=
schäftsfreund von ihm, und die hier zurückgebliebene
Elvire sah sie selten, und nur am dritten Orte, ob=
wohl man sich allgemein erzählte, nur ihre Anwesen=
heit in jenem Hause habe die Verbindung des jungen
Mannes mit Elvire angebahnt, und sie habe die Auf=
merksamkeiten, die er ihr widmete, von sich ab= und
auf Elvire so geschickt gelenkt, daß beide Theile Ur=
sache fanden, mit einander zufrieden zu sein.

Walpurg war es daher immer betrübend gewe=
sen, daß ihr Klausthal diese Zurückhaltung zur Pflicht
gemacht hatte, sie fügte sich jedoch, da kein für sie

tiefer liegendes Interesse berührt ward. Allein jetzt,
wo der Tod mit einem jähen Riß in die bestehenden
Verhältnisse jede Verbindung gelös't, fühlte sie sich
tief ergriffen, aber doch nicht so ausschließlich durch
diese plötzliche Nachricht zu Boden geschmettert, als daß
sie dieselbe nicht als passenden Vorwand für ihre
Traurigkeit und die Verstimmung ihres Gatten hätte
benutzen sollen.

Wie oft sind wir froh, wenn geheime Schmerzen
uns das Herz zernagen, endlich durch officielles Leid
einen Grund zu erhalten, um ihnen Ausdruck zu geben.
Welche Erleichterung ist es schon, wenn wir nicht
lachen und scherzen müssen, wo wir uns so recht von
Herzen ausweinen möchten, wenn wir uns endlich das
Recht erkämpft, entweder schweigen zu dürfen, oder
fröhliche Gesellschaften ganz zu meiden. Denn ein Mal
unter Menschen haben wir die Verpflichtung, auf den
Gegenstand der Unterhaltung einzugehen, und dieses
Eingehen wird bei unserm Elend zuweilen den Jammer
bis zur Höllenqual steigern, da unvermeidlich die schmer=
zende Wunde berührt wird.

Mehr als jeder andere Mensch war Klausthal
bestrebt, die Regungen seines Innern jedem Auge zu
entziehen, besonders wenn sie nicht angenehm waren.
Er hatte vergeblich versucht, von der Gesellschaft los=
zukommen, in die er zufällig gerathen war, konnte es

aber nicht, ohne unhöflich zu sein. Wäre er unbefangen gewesen und hätte Nichts ihn bedrückt, so würde er wahrscheinlich nicht allzu rücksichtsvoll gewesen sein. Mit dem Bewußtsein jedoch, daß es heute anders sei, als gewöhnlich, ward er gewissermaßen der Sclave seiner Freunde und ließ es, wenn auch nicht ohne ein Gefühl des Unmuths geschehen, daß sie seine Gattin fortwährend beschäftigten, ihn und sie bis zur Thür seines Hauses begleiteten und auch da noch Stoff zu längerer Unterhaltung fanden, die nicht sogleich abgebrochen werden konnte.

„Du wirst jedenfalls wünschen, jetzt allein zu sein," sagte Klausthal, als sie in's Zimmer traten. „Ich werde Dich verlassen, damit Du ungestört über Deine Freundin trauern kannst."

Sie gab keine Antwort, und er sagte nachdrücklicher:

„Ich will daher in mein Zimmer gehen, und wünsche Dir ‚gute Nacht‘, wenn Du nicht zu betrübt bist, um zu schlafen."

Er küßte flüchtig ihre Stirn und wollte das Zimmer verlassen. Walpurg eilte ihm nach, schlang ihre Arme um seinen Hals und entgegnete vorwurfsvoll:

„Du weißt recht gut, Felix, daß ich Thusneldens wegen keine Jammerscene aufführen werde. Ich wundere mich über Dich, daß Du deßhalb maliciös bist.

Weit mehr bekümmert und betrübt es mich, wenn Du mich meidest. Indessen weißt Du, selbst wenn ich fassungslos wäre, daß Du allein im Stande bist, mich zu beruhigen und aufzurichten."

Es zuckte wie Hohn um seinen Mund, er drängte sie von sich und schritt nach der Thür ohne ein be= schwichtigendes Wort.

Walpurg war allein. Sie blickte einige Augen= blicke wie erstaunt um sich und konnte nicht hindern, daß jetzt die langverhaltenen Thränen hervorbrachen.

„Wenn ich nochmals zu ihm ginge?" sagte sie endlich. „Doch nein, ich habe ihm ja keinen Grund zur Unzufriedenheit gegeben. — Weßhalb soll ich da um Gnade bitten?"

Und statt nach seinem Zimmer, schritt sie nach der Thür der Kinderstube, neigte sich über die kleine Schläferin und flüsterte, sie küssend und auf ihrem Schooße wiegend:

„Du kleines Wesen bist es allein, das mich freund= licher und rücksichtsvoller gegen ihn gemacht hat, und er verlangt, daß ich Dich opfern soll. Nimmermehr, lieber gebe ich ihn auf, als Dich, für die ich heilige Verpflichtungen übernommen habe, Verpflichtungen, die ich redlich erfüllen werde."

Klausthal ging mit raschen Schritten in seinem Zimmer auf und ab. Als die Thür von dem Zimmer

seiner Gattin knarrte, hemmte er seinen Schritt und
lauschte, ob sie zu ihm kommen würde. Er wünschte
es, denn es lag für ihn eine Süßigkeit in ihrem An=
schmiegen, in ihren Bitten, in ihrer sanften Hingebung,
die er für alle Schätze der Welt nicht hätte entbehren
mögen. — Und er lechzte um so mehr danach, da Wal=
purg — im Betracht seiner Wünsche — sparsam oder,
wie er meinte, geizig mit ihrer Zärtlichkeit war. Wenn
er fühlte, daß er hart oder grausam gegen sie gewesen,
dann steigerten sich seine Wünsche noch. Wer ihn jetzt
so athemlos lauschend, so bleich, so erregt gesehen, und
dies Betragen mit dem vorigen zusammengehalten haben
würde, Der hätte wohl mit Erstaunen diesen wunder=
lichen Mann betrachten mögen, der so heiß nach einem
Glücke lechzen und es doch so kalt von sich stoßen
konnte.

„Sie geht dort hinüber," flüsterte er zwischen den
Zähnen hindurch. „Thor, der ich war, daß ich ihr
die Aufnahme des Kindes gestattete. Was hätte aber
das Verweigern genützt?" setzte er nach einer Pause
hinzu. „Sie wäre aus Mangel an einem Geschöpf,
welches sie lieben darf und will, verschmachtet, und
ich säße vielleicht jetzt auf ihrem Grabe.

Er setzte sich auf das Sopha, er stützte den Kopf
in die Hand, und die Wolken düstern Unmuths und

tiefen Grames lagerten sich auf seiner Stirn. So grübelte er fort.

Endlich fuhr er auf, Thüren öffneten und schlossen sich. Sie war wieder in ihrem Zimmer, ohne nochmals hereingekommen zu sein. — „Ob ich hinübergehe, so lange sie noch wach ist?" — Er erhob sich, schritt nach der Thür, schob aber, statt sie zu öffnen, mit einem energischen Ruck den Riegel vor. Es war in ihm ein anderer Gedanke gekommen.

Hastig fuhr die Hand in die Brusttasche des Rockes, den er diesen Abend getragen, jetzt jedoch mit dem Schlafrock vertauscht hatte. Sie holte einen Brief heraus, den er auf den Tisch legte. Mit einem raschen Strich entzündete er ein Schwefelhölzchen und brannte dann das Licht an.

In der nächsten Minute war der Brief auf dem Tische ausgebreitet, und er saß lesend vor demselben.

Er kannte den Inhalt, er hatte jeden Buchstaben schon einzeln betrachtet, jedes Wort besonders erwogen, jeden Satz gedreht und gewendet, ohne Trost oder Hoffnung herauslesen zu können.

„Welche Tortur," rief er endlich, „die Briefe eines Rivalen so vor sich zu haben! Wenn ich ihr den Brief jetzt hinübertrüge, was würde sie sagen? Wie würde sie das Kind lieben, das er ihr so warm empfiehlt!

Und nochmals überliefen die Augen das Blatt, und er sprach die Worte fast unwillkürlich aus:

„Geehrte Frau!

„Wie soll ich Ihnen beredt genug für die Hoch= herzigkeit danken, mit der Sie ein fremdes Kind be= dingungslos aufnahmen! Sie erriethen, daß die Eltern elend, sehr elend sein müßten, und dies war Ihnen genug, um die edle That zu vollbringen.

„Wir befanden uns auf der Flucht, und nur ohne das Kind konnten wir hoffen, ein Land zu erreichen, in dem wir sicher waren. Es ist uns gelungen, denn wir leben gegenwärtig in England und stehen im Be= griff, nach Ostindien abzusegeln, wo ich Brot für mich und mein Weib erhalten soll. — Wer weiß, ob wir jemals die Heimath wiedersehen werden.

„Es wäre schon lange eine heilige Pflicht der Dank= barkeit gewesen, Ihnen zu schreiben. Das Unsichere und Schwankende in dem Flüchtlingsleben verbot es, vielleicht auch eine gewisse Scheu, Ihnen, die Sie einst Ihr Schicksal vertrauensvoll an das meinige ket= ten wollten, zu sagen, daß ich noch keinen Grund für den Anker meines Lebensschiffes gefunden.

„Heute ist der Geburtstag meines kleinen Mäd= chens, welch' ein Tag voll Todesangst und Jammer, voll Sorge und Qual war es im vorigen Jahre; doch

ich werde und ich darf nicht klagen. Der Mensch
muß ernten, was er gesäet. Wer sein Glück muth=
willig von sich warf, Der ist ein Feigling, wenn er
nichts Besseres zu thun weiß, als es zu beweinen,
oder ihm träumend nachzuschauen, wie ein Kind dem
zertretenen Spielzeug.

„Meine Frage geht nun dahin, ob Sie mein klei=
nes Mädchen noch länger behalten wollen. Sollte
dies der Fall sein, so brauche ich Ihnen nicht erst zu
versichern, daß ich sie keiner andern Hand lieber an=
vertrauen möchte und gern bereit bin, alle pecuniären
Opfer zu vergüten. Haben Sie aber einsehen gelernt,
daß es eine schwere Aufgabe ist, ein fremdes Kind zu
erziehen, so thun Sie sich keinerlei Zwang an, und
schicken Sie uns das Kind durch eine zuverlässige und
dazu befähigte Person, für die ich das Reisegeld bei
dem Banquier, der einst Ihr Banquier war, ange=
wiesen habe. Bis zum funfzehnten Juni wird sie
uns unter der angegebenen Adresse finden. Wie nun
auch Ihre Entschließung ausfallen möge, so seien Sie
versichert, daß Sie sich das größte Anrecht auf unsere
Dankbarkeit erworben haben, und ich eben so wie
meine Gattin nie aufhören werden, dies zu empfinden
und es Ihnen zu beweisen, wenn Sie uns dies ge=
statten.

„Vielleicht wird einst der Bann von uns ge=

nommen, und dann werden wir eilen, in Ihre Nähe
zu kommen und Ihnen durch Worte zu sagen, was
die Feder nur matt auszudrücken vermag. Meine
spätere Adresse sollen Sie erhalten, sobald wir den
Ort unserer Bestimmung erreicht haben, damit uns
jede Mittheilung, die Sie oder Ihr Herr Gemahl uns
zu machen beabsichtigen, uns zugeht. Bis dahin segne
Sie Gott, wie er unser Kind, mein liebes kleines
Mädchen, segnen möge, welches mir theurer ist, als es
ein anderes Kind sein könnte, weil es das Schicksal
unerbittlich von meinem Herzen gerissen und an das
Ihre gelegt hat.

„Versichern Sie Ihren Gatten meiner vollkommen=
sten Hochachtung und Dankbarkeit, und erfreuen Sie
sich immer eines ungetrübten Glückes.

„Ihr bis in den Tod treu ergebener

„Edmund Robenbach.“

„Ich vermag ihr den Brief nicht zu geben, er
würde nur die ersterbende Flamme auf's Neue anfachen.
Gott verzeihe mir, wenn ich eine Sünde begehe, daß
ich ihr den Trost raube, der in dem Briefe enthalten
ist, aber ich kann nicht sein Andenken auffrischen.“ Und
die bebende Hand hielt das Blatt an die Flamme der
Kerze, nur wenige leichte Flocken waren Alles, was
davon übrig blieb.

Wie sah es aber in seinem Innern aus? Sein Gewissen fühlte sich belastet, er war unzufrieden mit sich selbst. Rodenbach hatte zwar an seine Gattin geschrieben, aber nicht heimlich, da der Brief mit einem Umschlage versehen war, der seine Adresse trug. Er hätte den Brief abgeben sollen, abgeben müssen, was auch daraus entstanden wäre. Doch jetzt war es zu spät. — Er war vernichtet, und sich selbst hatte er einen ewigen Vorwurf aufgebürdet.

Er blies die Asche vom Tische, es überfiel ihn eine Sehnsucht nach der Betrogenen, er eilte hinüber in ihr Schlafzimmer und wollte ihr wenigstens stillschweigend Abbitte thun, er hoffte, daß dies die Schuld sühnen und ihn beruhigen würde.

Er ging hinüber.

Walpurg schlief bereits, der Ausdruck von Kummer, der sie vor dem Einschlafen beherrscht, war dem lieblichen Gesicht geblieben und traf ihn wie ein Vorwurf. Neben dem Bett lag ihr Taschentuch auf dem Fußboden, er wollte es aufheben und an seine Augen drücken, es war feucht vom Weinen. Ach, wie peinlich war ihm zu Muthe! Und nun vollends die Antwort auf den Brief, wie mußte sie ihn quälen und beunruhigen, da sie eine Lüge war, und er die Lüge unter allen Lastern am Meisten haßte, und doch mußte er antworten, wenn er nicht erwarten wollte, daß in

den nächsten Tagen ein zweiter Brief anfäme und viel=
leicht in ihre Hände fiel.

Seit er die Schulbank verlassen, hatte er sich
nicht so entmuthigt und beschämt gefühlt, dennoch kam
der Entschluß, daß die Kleine das Haus verlassen und
von Walpurg getrennt werden müsse, keinen Augen=
blick zum Wanken. Er wollte das Kind in anständige
Pflege geben uud dem Vater schreiben, sie selbst wür=
den es behalten. Noch heute sollte der Brief geschrie=
ben und gesiegelt, und morgen so früh als möglich
abgesendet werden. Er hoffte, daß mit der Erledigung
dieser Angelegenheit die peinlichen Empfindungen ab=
gestreift werden könnten, die sie hervorgerufen.

Noch ein Mal betrachtete er Walpurg, und als
er sah, daß es schmerzlich über ihre Züge zuckte, küßte
er sie zärtlich und immer zärtlicher, bis sie erwachte.

„Ich fürchtete, daß Du mir zürnen würdest, weil
ich wirklich unfreundlich gegen Dich gewesen," flüsterte
er, als er bemerkte, daß sie ihn befremdet ansah.

„Beruhige Dich, ich bin nicht dieser Unfreund=
lichkeit halber böse auf Dich. Es wäre dies nicht blos
ungerecht, sondern auch unverständig. Da ich so oft
Ansprüche an Deine Nachsicht gemacht und Du mir
sie stets bewiesen hast, bin ich Dir Dasselbe schuldig."

Sie wendete den Kopf und legte sich zum Schla=
fen auf die andere Seite, das Kissen mit beiden Händen

über dem Kopfe zusammenhaltend, als wünsche sie sich abzuschließen.

Klausthal schlich leise und betrübt hinaus. Es lag nicht sowohl in ihren Worten, wie in ihrem Benehmen die Gewißheit, daß er sie tief verletzt und er den Augenblick habe entschlüpfen lassen, der die Aussöhnung hätte herbeiführen können, und er litt unter dieser Ueberzeugung so sehr, daß er das Schreiben des Briefes als eine heilsame Beschäftigung betrachtete.

Er schrieb daher rasch folgende Worte, da er sich der Beantwortung als einer unabweisbaren Pflicht nicht entziehen konnte. Und wie schon erwähnt, dies nur aus dem Grunde, weil er nicht erwarten wollte, daß bald ein zweiter Brief ankäme, der dringender als der erste Walpurg zugleich aufklären und beunruhigen konnte.

„Geehrter Herr!

„Meine Frau hat mich beauftragt, die Beantwortung Ihres Briefes zu übernehmen, und ich kann Ihnen die Versicherung geben, daß sich Ihre kleine Tochter — die wir für ein ganz verlassenes kleines Wesen hielten — bei uns vollkommen wohl befindet. Sie hat den Namen Leonie erhalten, und es würde uns betrüben, wenn wir uns von ihr trennen sollten. Da wir diesen Zeitpunkt möglichst weit hinauszu=

schieben wünschen, wenn er nicht ganz umgangen wer=
den kann, so werden Sie sich nicht wundern, daß
wir Ihrer Aufforderung, sie zu schicken, nicht Folge
geleistet haben. Erst dann, wenn die Stimme der
Elternliebe ihre Rückkehr so gebieterisch fordert, daß
alle andere Rücksichten schweigen, werden Sie das Kind
zurück erhalten.

„Was das fernere Wohlbefinden desselben betrifft,
so gebe ich Ihnen hierdurch die Versicherung, daß Sie
es niemals bessern Händen anvertrauen können, so
weit der gute Wille in Frage kommt. Die Kräfte
und die Befähigung meiner Gattin kennen Sie ja be=
reits, und Sie mußten wohl vollkommenes Vertrauen
zu ihr hegen, da gerade sie es war, die Sie zur Voll=
streckerin Ihrer Wünsche wählten.

„Achtungsvoll

„Felix Klausthal.“

Klausthal überlas den Brief, er fand ihn kalt,
beinahe schroff, wenn er sich Walpurg als Kritikerin
dachte. Von seinem Standpunkte aus war es mehr,
als er jemals gehofft hatte, geben zu können, er hielt
ihn für ein Meisterstück der Verstellungskunst, und
wir können dreist behaupten, daß ihn dieses Debut
keineswegs in seiner eigenen Achtung hob, da er
Heuchelei immer streng gerügt.

Unter den unbehaglichsten Empfindungen suchte er sein Lager, und das Weinen des kleinen Mädchens, das er aus der Kinderstube hörte, weil die Wärterin den sorglosen Schlaf der Dienstleute besaß, trug nicht dazu bei, seine Stimmung zu verbessern.

―――――――

Zweites Kapitel.

———

Wenn Menschen verstimmt und unzufrieden neben einander herschreiten, so nimmt man gemeinhin an, daß nur der Theil leidet, der Kränkungen und Vorwürfe zu erdulden hat, wie man im Kampfe den Vortheil gewöhnlich auf der Seite der Offensive sucht und Den beeinträchtigt glaubt, der sich auf der Defensive, entweder in Folge eigner Wahl, oder der der Nothwendigkeit hält.

Es mag sein, daß wir unter Vorwürfen und Kränkungen leiden, die uns fortgesetzt bereitet worden; jedenfalls sind aber auch Der oder Die keine Glücklichen, die in Ausbrüchen von Ungerechtigkeit, Härte oder Bitterkeit einen Ableiter für die eigenen Qualen suchen.

Wenn Klausthal in den nächsten Tagen unfreundlicher gegen Walpurg war, als er es jemals gewesen, so dürfen wir überzeugt sein, daß er sich namenlos elend fühlte, besonders da Walpurg eine so kühle und ruhige Haltung angenommen, wie er sie ihr nicht zugetraut, ganz als sei sie entschlossen, es auf's Aeußerste ankommen zu lassen, dafern er es für gut halten sollte, es bis dahin zu treiben, daß eine Tren= nung nothwendig würde.

Wenn sie gewußt, daß er einen Brief von Roden= bach erhalten hätte, der das Gleichgewicht seiner Seele gestört und ihn mit sich selbst unzufrieden gemacht, so würde sie sich anders benommen haben, als jetzt, wo sie glaubte, er habe sich durch seinen Bruder und seine Schwägerin, also durch Menschen, die er nicht ein Mal achtete, bestimmen lassen, Das, was er früher gut geheißen, als ein Unrecht hinzustellen und in Folge Dessen auch seine Gattin so zu behandeln, als habe sie wirklich ein Unrecht begangen.

Walpurg war stets nur allzu sanft und geduldig gewesen, ihr Gatte verstand und begriff daher ihre Handlungsweise nicht, und es erbitterte und reizte ihn nur noch mehr, daß es ihr ganz gleichgültig zu sein schien, ob jenes gespannte Verhältniß noch länger fort= dauern solle, oder der natürliche Zustand wieder ein= trat. Er versuchte daher, sich krank zu stellen, vielleicht bildete dann Sorge und Theilnahme eine Brücke über die Kluft, die sich täglich erweiterte, nachdem er sie ein Mal gerissen.

Er ließ ihr daher eines Morgens durch den Die= ner, der seine Kleider zum Reinigen aus dem Schlaf= zimmer erhalten, sagen, daß er das Bett nicht zu ver= lassen wünsche, sie solle nicht mit dem Kaffee auf ihn warten, wie sie es gewöhnlich that.

Wenige Minuten darauf stand, wie er erwartet, Walpurg an seinem Bett und fragte, ob sie nach dem Arzte senden sollte, oder ob sie sonst Etwas für ihn thun könnte.

„Es ist nicht nöthig, einen Arzt zu fragen, für eine Verstimmung der Nerven, wie ich sie fühle, für Mattigkeit und Unduldsamkeit giebt es kein Heilmittel aus der Apotheke. Ich will mich blos einige Tage von den Geschäften zurückziehen, mich vollkommener Ruhe überlassen und alle Tage ausfahren, damit ich Bewegung und Zerstreuung habe.“

„Das ist sehr verständig von Dir, und ich bin recht gern erbötig, Dir Gesellschaft zu leisten und Dir Deine Lage zu erleichtern, so viel ich vermag.“

Nach diesen Worten hob sie seinen Kopf, glättete sein Kissen und zog die Vorhänge der Fenster fester zusammen, damit die Sonne nicht eindringen und das blendende Licht seine Ruhe stören möchte. In ihrem Tone klang aber keine erhöhte Theilnahme.

Er folgte ihren Bewegungen mit den Augen und konnte keinen Augenblick in Zweifel sein, daß seine Comödie ihre Wirkung verfehlt. Entweder glaubte Walpurg nicht an seine Krankheit, oder es war ihr gleichgültig, ob er krank oder gesund sei. Sobald sie sein Zimmer verlassen hatte, sprang er aus dem Bett, in dem er nicht zu bleiben vermochte, und lief hastig auf und ab. Er war so mit sich und seinen Gedanken beschäftigt, daß er ihren Schritt vor der Thür nicht gehört und daher tödtlich erschrocken war, als sie plötzlich wieder eintrat und ihn promenirend fand.

Fast hätte sie das Glas frisches Zuckerwasser, welches sie eilig bereitet, fallen lassen, die Citrone, die sie in der Hand hielt, um nach seinem Wunsche mehr oder weniger von ihrem Safte hineinzutröpfeln, kollerte hin auf die Dielen, und im Tone wirklicher Besorgniß fragte sie:

„Bist Du so fieberhaft erregt, daß Du nicht im Bett bleiben konntest?"

Es stieg eine dunkle Röthe in seine bleiche Wange. Er griff hastig nach dem kühlen Tranke, und nachdem er das Glas geleert, stotterte er Etwas von Unruhe und Angst, die ihn herausgetrieben.

Walpurg erwiderte lächelnd. Sie sah jetzt vollkommen klar.

„Du siehst mein Freund, daß es für Dich keine gedeihliche Atmosphäre ist, wenn Du Hader und Unfrieden suchst, Du schadest Dir nur selbst."

„Walpurg, o Walpurg! Bist Du es nicht, die mich unaufhörlich reizt und kränkt?"

„Beantworte nicht die Vorwürfe Deines Gewissens durch die Anklage einer Unschuldigen. Es wird Dir nicht gelingen, das Gewissen dadurch zum Schweigen zu bringen. Was es sein mag, weiß ich nicht, aber Etwas muß geschehen sein, was Dich unzufrieden mit Dir selbst macht, und deßhalb lieblos und ungerecht gegen mich."

„Unsinn, Thorheit!" rief er heftig. „Mich ärgert blos, daß Du eigensinnig darauf bestehst, das kleine Mädchen behalten zu wollen, da Du siehst, es ist mir lästig."

„Ich habe das Kind nicht gegen Deinen Willen aufgenommen. Hättest Du mir's damals verweigert, so würde ich mich zwar betrübt haben, ich hätte mich aber fügen müssen. Jetzt ist es jedoch anders, und ich werde eine Pflicht erfüllen, die ich ein Mal auf mich genommen. Wenn Du mir das Kind nimmst," setzte sie weicher hinzu, „nachdem ich es so lange wirklich besessen, nimmst Du meinem Dasein die Freude, meinem Leben den Glanz, und meinem Streben das Ziel.

Mit Einem Wort, Du tödtest das geistige und das Gefühlsleben in mir."

„Halt' ein, Walpurg, und wiederhole nicht noch in einer Menge anderer Bilder den einen Satz, daß ich Dir Nichts bin, und jenes fremde Element — —"

„Was hilft das unnütze Streiten?" unterbrach sie ihn. „Es ist nur die Fortsetzung des Krieges in anderer Gestalt. Weder Du noch ich bin dazu geschaffen, ihn längere Zeit fortzuführen, ohne dabei zu Grunde zu gehen. Laß uns daher zu Ende kommen."

„Gut, so höre, was ich Dir sagen will."

„Was soll ich hören, das ich nicht schon wüßte?"

„Leonie darf nicht länger der Zankapfel zwischen uns sein. Sie ist es schon zu lange gewesen."

„Felix, sei nicht kindisch."

„Mag sein, daß Du es kindisch findest. Ich will nicht länger des Mädchens wegen durch Dich vernachlässigt werden. Ich will nicht gegen sie zurück= stehen."

„Ach so, ich wußte nicht, daß ich Dich hätscheln und pflegen, füttern und in Schlaf singen soll, wie ein kleines Kind, Dich, der Du immer in so wohlge= setzter Rede die Männer bespöttelt hast, die ihre Frauen in die Stellung der Kindermuhme drängen."

„Du bist boshaft, Walpurg, und da diese Eigen=

schaft Deinem Charakter ursprünglich fremd ist, so ist
dies ein Zeichen, daß Du, ja, wie soll ich sagen — —"

„Daß ich durch ein einjähriges Kind mich habe
verderben lassen, nicht wahr, mein Herr Gemahl?"

Klausthal's Stirn umwölkte sich immer mehr.
Walpurg fuhr aber ruhig fort:

„Erinnerst Du Dich noch jenes Abends, wo Du
dem Doctor die Stellung der Frauen des neunzehnten
Jahrhunderts klar machtest, und mir dann den Vor=
wurf hinwarfst, ich sei zu wenig entschieden, zu wenig
selbstbewußt, wo Du mir versichertest, Du würdest
mich weit höher achten, Andere würden mir eine viel
bevorzugtere Stellung einräumen, wenn ich nicht allzu
sehr an das Veilchen mich erinnern wollte."

„Ach, so schweig' doch endlich von Dingen, die
gar nicht hierher passen und nicht hierher gehören."

„Höre mich doch bis zu Ende. Damals habe ich
viel über Deine Worte nachgedacht. — Jetzt, wo ich
den ersten Beweis von Selbstbewußtsein oder Entschie=
denheit gebe und es für meine Pflicht halte, ihn zu
geben, willst Du mich als ein echter Haustyrann um
einige Jahrhunderte zurückdrängen und mir mit Burg=
verließ und andern Dingen der Feudalzeit drohen."

„Verwechsele nicht Eigensinn mit Entschiedenheit,
wenn ich bitten darf."

„Gewiß nicht, ich gebe gern nach, wo ich nicht mit meinem befferen Selbft in Conflicte gerathe."

„Ich fehe aber wirklich nicht ein, wie dies ge= schehen sollte, wenn Du die Kleine in anfländige Pflege giebft und die Koften ihres Unterhaltes beftreiteft."

„Ich fehe es aber ein; felbft wenn ich auf mich keine Rückficht nehmen wollte, so thue ich es um des Kindes willen nicht. Denn so lieb wie ich sie habe, kann sie Niemand haben, und so wie ich über sie wache, kann sie Niemand weiter überwachen."

„Laffen wir dies dahingeftellt sein. Ich wünsche, daß sie fort soll, ich habe Dich sogar gebeten und Dir in meiner Nichte Erfatz geboten, und dennoch behältft Du sie."

„Du weißt, daß es eine schwere Aufgabe ift, ein Kind Deiner Schwägerin so zu erziehen, daß das Kind ein edles, liebenswerthes Geschöpf wird, und sie sich auch befriedigt fühlt. Wenn es Dir jedoch Freude machen sollte, ein Kind Deines Bruders hier zu haben, so will ich die Mühe übernehmen, und ich verspreche Dir, nach meinen besten Kräften zu thun, was ich vermag."

Klausthal's Antlitz leuchtete auf, er zog Walpurg an seine Bruft und rief heftig:

„O, wie danke ich Dir, daß Du Rückficht auf meine Wünsche nimmft! Ich werde heute noch —

fogleich an meinem Bruder fchreiben, daß er mir eines seiner Kinder herbringen foll."

Klausthal erwähnte jetzt Nichts weiter von der Entfernung der Kleinen. Er hoffte, daß seine Nichte die kleine Leonie aus dem Herzen Walpurg's verdrängen werde, und daß sie vielleicht fpäter felbft die Entfernung der Letzteren in Vorfchlag bringen würde, wenn sich die Kinder nicht vertragen könnten.

Walpurg fchien feine Gedanken zu errathen, sie fchritt fchweigend der Thür zu, und Klausthal fah, wie sie ihm den Rücken zugewendet, in dem gegenüberhängenden Spiegel ein Gesicht voll tiefer Traurigkeit, voll fchmerzlichen Kummers. Auf dem Gange begegnete ihr die Wärterin mit dem kleinen Mädchen. Es ftreckte ihr die Aermchen entgegen, und als sie es dem Mädchen abnahm, fchmiegte es feinen Kopf an sie an und begann vor Freude zu jauchzen, immer mit den kleinen Händen ihre Wange klopfend und ftreichelnd, als könne es durch feine Liebkofungen den Sturm befchwichtigen.

Sie nahm die Kleine mit in ihr Zimmer, in ihre Freude mifchten sich Thränen, und das Gefühl des Elends durchzuckte sie wie mit fchmerzlichen Stichen, wenn man sie diefes unfchuldigen Glückes berauben wollte.

„Hier ift der Brief an meinen Bruder. Willft

Du ihn lesen?" fragte Klausthal eine Stunde später, ihre Bewegung ignorirend.

„Nein, sende ihn nur ab. Was Du geschrieben hast, soll auch für mich Geltung haben."

„Ich dachte, Du wünschtest das jüngste Kind, und ich wollte Dich deßhalb noch ein Mal befragen."

„Hast Du Dir dasselbe ausgebeten?"

„Ich habe es meinem Bruder überlassen, uns dasjenige zu schicken, das mit dem leichtesten Herzen aus dem Vaterhause ginge."

„Das ist gut, denn dann können wir hoffen, daß es sich leichter an uns und die neuen Verhältnisse gewöhnt, als wenn es mit schwerem Herzen von den Eltern geht und sich später nach ihnen zurücksehnt."

Der Brief ward abgesendet, und da Herr Klausthal seinen Leuten ein Mal gemeldet, daß er einige Tage nicht arbeiten würde, so blieb er im Zimmer seiner Gattin, fuhr mit ihr aus, oder ging mit ihr in den Garten, um sie durch seine Aufmerksamkeiten zu versöhnen und durch seine Unterhaltung zu zerstreuen. Der Friede war also wieder hergestellt, Walpurg sah indessen nicht eben glücklich aus. Sie that jedoch, was sie vermochte, um ihren Gatten nicht fühlen zu lassen, welches Opfer sie gebracht, als sie einwilligte. Auch schien es ihr, als wolle er sie dadurch, daß er ihr seine Gegenwart octroyirte, geflissentlich

von dem Kinde fern halten. Wenn es der Fall, so
war es keine weise Politik, denn er regte ihre Sehn=
sucht nach dem kleinen Mädchen nur noch mehr an,
und sie benutzte jede freie Minute, nicht um mit ihm
zu tändeln und zu kosen, wie sie es früher gethan,
sondern um 'es in leidenschaftlicher Zärtlichkeit an ihr
Herz zu pressen.

Als acht Tage vorüber waren, brachte die Post
die neue Hausgenossin und ihre Mutter, die sich vor=
genommen hatte, einige Wochen bei ihren Verwandten
zu verweilen, um, wie sie sagte, ihrer kleinen Tochter
die Trennung zu erleichtern, und es fehlte schon bei
ihrem Eintritt in's Haus nicht an Thränenströmen,
an Herzensergüssen in schönen Redesätzen und an Ge=
fühlsschwärmereien, die unserm trockenen Klausthal
ebenso zuwider waren, wie seiner Gattin, die Alles
haßte, was erheuchelt war.

Klausthal hatte, wie wir wissen, seinen Bruder
gebeten, ihm das Kind zu bringen; statt seiner erschien
die Frau. Walpurg mußte lächeln, sobald sie dieselbe
erblickte, denn trotz ihrer Bekümmerniß sah sie doch
ein, daß die Nemesis schon begann ihre Schwingen zu
regen. Wenn ihr Mann wochenlang dies ertragen
sollte, so war er mehr als zu hart für seine Thorheit
gestraft. Dazu kam noch daß sich Frau Klausthal
die Aeltere gerade ihres häßlichsten Kindes zu entledigen

3 *

hoffte, ein Umstand, der Klausthal durchaus nicht er=
freute, ja nicht ein Mal gleichgültig ließ, denn er
der niemals Dienstleute engagirte, oder Arbeiter an=
nahm, die seinen Schönheitssinn durch ein unange=
nehmes Aeußere beständig verletzten, oder sein Gefühl
unangenehm berührten, sollte jetzt durch garstiges Aus=
sehen oder unliebenswürdige Manieren eines Kindes
beständig gefoltert werden, welches er nicht blos fort=
während um sich haben mußte, das auch seine Ver=
wandtschaft mit ihm da vielleicht am Meisten geltend
machte, wenn er am Tiefsten durch sein Betragen be=
leidigt und verletzt war.

Wie bereute er jetzt, die Wahl des Kindes seinen
Verwandten überlassen zu haben, und wie sehr wünschte
er, daß Walpurg es der Schwägerin sagen möchte, sie
solle lieber den weit klügeren Max, oder die naive
Ellinor herschicken, und die scrophulöse, schielende
Mimi mit fortnehmen.

Walpurg rührte sich aber nicht, sie begegnete der
Schwägerin artig, und behandelte die siebenjährige
Mimi als Gast, d. h. sie überließ es ihrer Mutter,
ihre zuweilen geradezu unerträglichen Fehler zu strafen,
wenn sie es für gut fand, oder zu übersehen, wenn
ihre muntere Laune sie nachsichtig machte.

Als eines Tages Tischgäste geladen waren, langte
sich Mimi, die mit an der Tafel speis'te, ungenirt aus

allen Schüsseln zu und beschmutzte nicht blos das Tisch=
tuch, sondern auch ihre Kleidung. Dabei war sie vor=
laut, neckte und zupfte die Herren, zu denen sie unter
dem Tische hinkroch, und benahm sich so, daß keine
ordentliche Unterhaltung zu Stande kommen konnte.

Anfangs lachten die Herren, später malte sich
Verlegenheit auf ihren Gesichtern, und Klausthal stand
einige Male auf dem Punkte, das vorlaute Kind zur
Thür hinauszustecken; da aber die Mama herzlich lachte
und sie zu immer größeren Narrenspossen animirte,
weil sie selbst Vergnügen dabei empfand, unterließ er
es, konnte sich jedoch nicht enthalten, den Abend, nach=
dem die Gäste sich entfernt, zu sagen, selbst auf die
Gefahr hin, seine Schwägerin zu verletzen:

„Mimi war heute sehr unartig; wenn sie für
immer bei uns bleiben will, darf das nicht wieder vor=
kommen, denn es hat mir den ganzen Abend ver=
bittert.“

Mimi lachte und sah den Onkel verschmitzt an,
während die Mama mit vollkommener Ruhe sagte:

„Da Du selbst keine Kinder besitzest, lieber Schwa=
ger, hast Du auch kein Verständniß des kindlichen We=
sens, und nennst die einfache Natürlichkeit, die doch
des Kindes größte Zierde ist, Unart.“

„Ich kein Verständniß des kindlichen Wesens?“
fuhr Klausthal auf. „Wie oft habe ich Kinder schon

belauscht und beobachtet! Das geringste ist mir werth
genug gewesen, ihm meine Aufmerksamkeit zu schenken,
da in den meisten Fällen Kinder noch besitzen, was
Erwachsene früher oder später von sich werfen."

Walpurg hatte sich leise entfernt, sie war der
Meinung, ihr Gatte möge sein Recht allein verfechten.
Sie war jedoch edel genug, sich zu entfernen. Wenn
sie ihn nicht unterstützen konnte, so wollte sie wenigstens
die Demüthigung nicht noch durch ihre Anwesenheit ver=
stärken, da sie es ihm ja vorausgesagt hatte, daß es
so kommen würde.

Beide Theile geriethen heftig aneinander, denn
die Schwägerin war nicht die Frau, die gewohnt war,
die Waffen zu strecken. Sie benutzte die Gelegenheit,
um ihm gleich mit bemerklich zu machen, welches Opfer
sie ihm bringe, indem sie ihm überhaupt eines ihrer
Kinder, von denen ihr keines im Wege sei, überlasse,
damit der Sonnenschein der Freude auch in sein ein=
sames Haus dränge.

„Wir haben ja bereits ein Kind," entgegnete
Klausthal gereizt, „und blos um Euch die Last der
Sorgen zu erleichtern, sprach ich den Wunsch aus."

„Allerdings habt Ihr ein Kind, und weil Ihr
fühltet, wie unrecht und tactlos Ihr gehandelt, gabt
Ihr es für das unserige aus. Ich habe es stillschwei=
gend eingestanden, daß der Findling mein Kind ist,

und glaubte, eben weil ich es that, nun auch auf Deine Rücksicht rechnen zu können, denn wenn ich sprechen wollte — — —"

„Thue Dir durchaus keinen Zwang an!" rief Klausthal mit erhobener Stimme. „Wir haben nur das eine Mal die Wahrheit zu umgehen gewagt, und zwar nicht aus kleinlichen Rücksichten, sondern weil das Leben und die Sicherheit von Leonie's Eltern von unserm Schweigen abhing. Doch jetzt sind sie in Sicherheit, und Du kannst sprechen."

Frau Klausthal machte eine Geberde des unverhohlensten Erstaunens, und rief noch lauter, als ihr Schwager dies vielleicht wünschte:

„Also, kennst Du die Eltern des Kindes?"

„Ja, es sind politische Flüchtlinge."

„Und ein wirklich getrautes Paar?"

„Jawohl, es steht Dir sogar frei, nach der Bergstadt zu reisen, Dir dort das Kirchenbuch aufschlagen zu lassen und dort die Thatsache zu finden, daß der Trauungstag dieses Paares und Leonie's Geburtstag mehr als zwei Jahre auseinander liegen. Ein Vorzug, dessen sich nicht alle Ehepaare rühmen können."

Es stieg bei diesen Worten eine leichte Röthe auf Frau Klausthal's Wange, und sie murmelte ein Wort zwischen den Zähnen hindurch, was Klausthal's feinem Ohr wie „Bosheit" klang. Er fuhr jedoch ruhig fort:

„Die Eltern Leonie's sind also in vollkommener Sicherheit. Ich habe einen Brief von dem Vater aus England erhalten, in welchem er uns bittet, das Kind zu ihm zu senden. Wir haben jedoch vorgezogen, es zu behalten."

„Schicke es zurück, denn Du wenigstens wirst Dir keine Freude an demselben erziehen," antwortete Frau Klausthal neu belebt.

Klausthal war fast betroffen von dem Scharfsinne seiner Schwägerin, die schon errathen hatte, was er ihr sorgfältig zu verhehlen wünschte, daß er das Kind haßte und zu entfernen wünsche. Er gab sich jedoch den Anschein, als habe er diese Bemerkung überhört, und sprang auf Mimi zu, die vor dem großen Spiegel stand und sich daran ergötzte, ihr ohnedies unschönes Gesicht durch die allerentsetzlichsten Fratzen zu entstellen, und dazu mit den Händen und allen Theilen des Körpers so lebhafte Bewegungen machte, daß er für die kostbare Crystallscheibe zu zittern begann.

Die Mutter stürzte ebenfalls herbei, und es entspann sich ein neues Gezänke.

Inzwischen hatte Walpurg im Nebenzimmer die ganze Unterhaltung mit angehört, und die Wahrheit, die nur zuweilen als Ahnung flüchtig in ihr auftauchte, stand jetzt als Gewißheit vor ihr. Die kleine Leonie war sein Kind, ja, es waren seine Augen, die

in ihrer ganzen Innigkeit ihren wunderbaren Strahl
in ihre Seele senkten.   Daher kam also jene nicht zu
beschreibende Liebe, jenes Umfassen des Herzens, für
das sie keinen Schlüssel gefunden. — Daher kam aber
auch seine Abneigung gegen das Kind, die ihr stets
als ein ganz fremdes und unnatürliches Element in
seinem sonst wohlwollenden Charakter erschienen war,
welcher namentlich Kindern stets die innigste Theil=
nahme zuwendete.

Sie preßte die Hand auf das klopfende Herz. —
Also in England hielt er sich auf. — Er hatte ge=
schrieben, und Klausthal hatte dieses Briefes mit kei=
ner Sylbe erwähnt. — Er wollte das Kind zurück
haben. — Weßhalb gab er es nicht, wenn er ein Mal
seinen Anblick nicht ertragen konnte? — Weßhalb
wollte er es lieber fremden Händen anvertrauen?

Es waren dies lauter ungelös'te Räthsel.

Alles drehte sich und wirbelte in Walpurg's Kopfe
herum.   Sie ward irre an ihren Gatten, dem sie ver=
traut, irre an sich selbst, die sie auf dem rechten Wege
zu sein meinte, und der Sturm in ihrem Innern be=
schwichtigte sich erst, als sie eine Zeitlang mit dem
kleinen Mädchen getändelt und gekos't und dadurch
auf's Neue die Ueberzeugung gewonnen hatte, daß sie
es nicht entbehren könnte.

An diesem Abend besuchte Klausthal die Räume

der Harmonie, weil er seiner Schwägerin auszuweichen wünschte. Die Frauen waren auf einander angewie=sen, und es war wohl natürlich, daß der Gast jenes Thema noch ein Mal anregte, um von Walpurg Alles genauer zu erfahren und sie beobachten zu können.

Da die Wirthin mittlerweile die Kraft gewonnen hatte, nicht zu verrathen, daß sie ihre Sicherheit erst Dem verdankte, was sie gegen ihren Willen erlauscht, kam die schlaue Frau dem Geheimnisse nicht vollständig auf die Spur.

Drittes Kapitel.

Klausthal's Antwort befand sich bereits in Roden=
bach's Händen, als der Tag der Abreise bestimmt wurde,
und er nahm Gelegenheit; seiner Gattin das Concept
seines Briefes und die Antwort darauf vorzulegen.

Selbstverständlich entwickelten sich hieraus Erörte=
rungen, die Cölestine mit Ueberraschung und Staunen
erfüllten, jedoch nicht den Wunsch in ihr wach riefen,
das kleine Mädchen, wie Rodenbach erwartet, zurück
zu fordern, ehe sie Europa verließen, da sich — wenn
sie sich ein Mal in Indien befanden — jedenfalls
nicht so bald eine passende Gelegenheit fände, um es
abholen zu lassen.

Cölestine sprach sich über die Unmöglichkeit, das
Kind mit zu nehmen, ruhig aus, sowie über die Un=
dankbarkeit, es seinen Pflegern jetzt zu entreißen, wo
es beginne, durch raschere Entwickelung seines Geistes

ihnen einigen Erſatz für die Mühen und Opfer, die
ſie gebracht, zu bieten, ja ſie that dies mit einer
ſolchen Ruhe und Heiterkeit, daß Edmund hier eben
ſo wenig wußte, was er von ihr denken ſollte, wie in
jenem Augenblicke, wo ſie den Shawl angenommen,
den ihr der Oberſt geboten, ohne zu erröthen.

Damals, wo ſich ihr Gefühl zu empören ſchien,
daß er, um ſich und ſie vom Hungertode zu retten,
in die Dienſte des Oberſten trat, ſchien ſie ja auch die
Sehnſucht nach ihrem Kinde und die Sorge um ſein
Schickſal zu verzehren. Und jetzt, wo ſie eine ſo fried=
liche Löſung der bängſten Befürchtungen vor ſich ſah,
war es ihr gleichgültig. — Edmund dachte über ſo
manche Erſcheinungen nach, die er bis jetzt abſichtlich
aus dem Bereich ſchärferer Beleuchtung gedrängt; ſie
ſchien ihm wie damals vor dem Ausbruch der Kata=
ſtrophe, die ihn aus dem Gleiſe der vorgezeichneten
Bahn geſchleudert, an einem Abgrunde zu wandeln,
der ihm noch weit ſchroffer entgegengähnte, als es
damals der Fall geweſen.

Es war ſeine Pflicht, er mußte mit ihr ſprechen.
Er mußte ſie auf Das aufmerkſam machen, was viel=
leicht unbewußt vor ihr lag. Oder ſollte ſie mit Ab=
ſicht ſo handeln und ſtets ſo gehandelt haben? Suchte
ſie mit vollkommenem Selbſtbewußtſein den Oberſten
zu umſtricken? — Handelte ſie wohl gar nach einem

bestimmten, fest vorgezeichneten Plane, deſſen letztes
Ziel vielleicht eine Trennung von ihm war?

Rodenbach wagte kaum zu athmen, die auftau=
chenden Gedanken verwirrten, die toſenden Gefühle
erſtickten ihn beinahe, ſeine Trennung von ihr hätte
ihn nur erfreuen, nur beruhigen können. Trotz ſeiner
Aufregung und dem durch dieſelbe herbeigeführten
Mangel alles klaren Urtheils brach ſich dieſer Gedanke
doch immer mehr Bahn.

Hätte er ſie geliebt, ſo wäre in demſelben die
Kälte des Todes, die Farbloſigkeit des Lebens in ihrer
nackteſten Oede herangetreten. Er hätte dieſem neuen
Schlage gebrochenen Herzens mit vernichtetem Lebens=
muth entgegengeſehen. Da er aber Nichts weiter
empfand, als Freude und nur ein unendliches Mit=
leid mit ihr, die ſoeben ihr beſſeres Selbſt von ſich
zu werfen im Begriff ſtand, und eine gewiſſe Bitter=
keit, daß ſie ihn ohne Kampf aufgeben wollte, ſo hätte
er beſſer gehandelt, er hätte ſie nicht verlaſſen, ſelbſt
da nicht, wo er durch ſchleunige Flucht mit den Kame=
raden — die ihn überdies noch zu überreden ſuchten,
daß ſie nicht hilflos ſei, da ſie ihre Eltern und ein=
flußreiche Verwandte genug beſitze — die Freiheit, ja
wohl gar das Leben hätte retten können. Daß ſie
ihn jetzt verlaſſen wollte, wo ſie ſich ſelbſt ein trüge=
riſches und noch zweifelhaftes Glück vorſpiegelte, ſetzte

sie tief in seinen Augen herab und in seinem Innern rief es:

„Wenn sie ohne Schmerz die Trennung von ihrem Kinde trägt, dann laß sie gewähren."

Wie dem auch war, warnen mußte er sie doch, dies war seine Pflicht als Mann und Gatte. Wollte sie dennoch auf dem gefährlichtn Pfade weiter wandeln, so war er wenigstens frei von dem Vorwurfe, daß er sie in der Stunde der Versuchung verlassen und sie dadurch dem Verderben entgegengetrieben hatte.

Aber war er denn bisher frei von dem Vorwurfe, dem er jetzt zu entgehen wünschte? Er sann nach, ging die ganzen Wechselfälle seines bewegten Ehelebens durch, sowie sein Betragen in der letzten Zeit; er konnte mit ruhigem Selbstbewußtsein sagen, daß er redlich seine Pflicht erfüllt, wenn auch sein trotziges Herz beharrlich und fest an der Einzigen gehangen, die jemals seine Liebe besessen.

Natürlich kamen auch dunkle Punkte. Er wußte und fühlte, daß Cölestine sich in ihrem Innern über keine Vernachlässigung von seiner Seite beklagen konnte, wohl aber über Mangel an den Luxusgenüssen, an die sie gewöhnt war. Den Anforderungen ihres Stolzes, ihrer Eitelkeit und ihrer Putzsucht hatte er nicht gerecht werden können, und dies war es, was

ihn in ihren Augen als einen Lump hinstellte, als
einen Mann, dem man keine Rücksicht schuldig sei.

Er hatte schon früher die Keime dieser Eigen=
schaften erkannt, er sah sie eben so wie ihre Rücksichts=
losigkeit, da er nicht im Stande war, sie Denen gleich
zu stellen, der sie beneidete. Später mähte die scharfe
Sense des Unglücks die Saat hinweg, er hoffte, daß
der Nachwuchs, jenem Ausspruche zufolge, daß das
Unglück veredle, ein gesünderer sein möchte; wie es
schien, hatte er sich geirrt, und es war leicht möglich,
daß er, wenn es ihm jemals vergönnt war, in die
Heimath zurückzukehren, allein kam. Wenn dies der
Fall — —

Er athmete erleichtert auf, es schien ihm, als
habe er eine drückende Fessel abgestreift.

Der Oberst trat ein und entriß ihn seinem
Sinnen durch die Worte, die er ihm entgegenrief:

„Soeben habe ich einen Brief von einem alten
Bekannten erhalten, mit dem ich in Eton und Oxford
viel verkehrte, wenn wir uns auch in späteren Jahren
nicht wieder gesprochen haben. Seine Tochter ist an
den Sohn eines schottischen Baronets verheirathet,
dessen Regiment nach Indien commandirt wurde. Sie
war viel in meinem Hause, meine Tochter in dem
ihrigen, und ich hielt es für meine Pflicht, um ihret=
willen bei dem Vater anzufragen, ob er bei meiner

Heimreise specielle Aufträge für sie hätte. Heute er=
hielt ich einen Brief, in dem er mich bittet, einen
Diamantschmuck, den er in London für sie bestellt, bei
dem Juwelier abholen zu lassen und ihr zu übergeben.
Da es nun, wie Sie wissen, gar nicht meine Absicht
ist, London nochmals zu berühren, so können Sie allein
dorthin gehen, den Schmuck beim Juwelier abholen
und mit demselben nach Plymouth kommen."

„Und wann wünschen Sie, daß ich abreise?"
fragte Rodenbach, der keinen Grund für eine Weige=
rung gehabt hätte, wenn ihm auch der Auftrag aus
einem ihm unbehaglichen Gefühle, für das er jedoch
weder Grund noch Namen hatte, unangenehm war.

„So bald als möglich, da, wie Sie wissen, das
Dampfschiff, mit dem wir reisen wollen, den Dienstag
abgeht."

„Dann gebietet am Ende die Nothwendigkeit,
daß ich mich noch heute rüste," antwortete Rodenbach
nach kurzem Nachdenken.

„Wenn Sie das wollen, werde ich Befehl geben,
daß Ihnen sogleich ein Pferd gesattelt wird. Sobald
wir dinirt haben, sitzen Sie auf, und wenn Sie scharf
reiten, erreichen Sie die Eisenbahnstation, noch ehe der
Nachtzug nach London abgeht."

Rodenbach verneigte sich und wollte das Zimmer
verlassen, um seine Anordnungen zu treffen.

Der Oberſt legte ſeine Hand auf ſeinen Arm
und zog mit der andern die Klingel, die ihm zur Hand
war.

John, ſein Kammerdiener, erſchien.

„Heh, John, frage doch ein Mal Miſtreß Wedg=
wood, ob mir heute eine halbe Stunde eher ſpeiſen
können. Mr. Rodenbach will abreiſen und muß zur
beſtimmten Stunde am Bahnhofe in Dunfried ſein.“

John ging hinaus und kehrte mit der Antwort
zurück, daß Miſtreß Wedgwood dem Herrn Oberſten
zu Befehl ſtände, wenn es auch Mühe machen würde,
die Paſteten fertig zu bringen.

„Schon gut, ſchon gut, wir kennen das.“

John verneigte ſich und wollte ſich entfernen.

„John, Du mußt dafür ſorgen, daß Peeter nach
dem Diner „Jocelyn“ meinen Rappen, für Mr. Ro=
denbach, und ſich ſelbſt auf einem Pferde bereit hält,
ihn zu begleiten. Seine Effekten mag Steamer auf
einen Wagen laden und eher hinfahren, er kann dann
gleich alles Das aus Dunfried mitbringen, was Mi=
ſtreß Rodenbach aufzeichnen wird, und was Miſtreß
Wedgwood braucht, ſo lange wir noch hier ſind.“

Als ſich John entfernt hatte, bemerkte der Oberſt:

„Da Sie noch einpacken müſſen, ſo iſt es beſſer,
wir beſprechen die Sache ſogleich bis auf die kleinſten
Einzelnheiten, damit nicht etwa ein Mißverſtändniß

stattfindet, welches unter den gegebenen Verhältnissen von unberechenbaren Folgen sein könnte. Haben Sie Ihr Notizbuch bei der Hand?"

Statt aller Antwort zog es Rodenbach aus der Tasche, holte sich einen Stuhl herbei und sah den Obersten erwartungsvoll an, obschon seine Gedanken mit Dem beschäftigt waren, was wir vorher geschildert.

Dieser hielt ihm den Brief hin und bat, die Adresse des Goldarbeiters zu notiren, eben so den Namen des Baronets mit allen seinen Titeln und Anhängseln. Ferner den Namen seines Banquiers, bei dem nicht blos die Zahlung für den Schmuck von dem Juwelier erhoben werden könnte, bei dem auch Wechsel für die junge Frau, die ihr Jahrgeld von ihrem Vater nicht gefordert, bereit lagen. Dann die Adresse von des Obersten Banquier, mit dem Roden= bach die Rechnung des Obersten ausgleichen sollte, da er ein Mal nach London kam und für den er neue Instructionen mitnahm. — „Sie können eigentlich gleich den ganzen Brief mitnehmen," bemerkte der Oberst, nachdem er ihn nochmals überlesen. „Sie könnten seiner als Accreditiv bedürfen, da jene Leute Sie nicht kennen."

Rodenbach brach ihn zusammen und wollte ihn einstecken, der Oberst legte seine Hand darauf und sagte:

„Kate, die Tochter meines Freundes, hat sich eigentlich einen Perlenschmuck gewünscht, ihr Vater hatte ihn für sie bestellt, und der Juwelier hat ihn, wie hieraus hervorgeht, benachrichtigt, daß er noch niemals so glücklich gewesen ist, Perlen von solcher Reinheit und Schönheit für einen so verhältnißmäßig billigen Preis zu einem solchen Kranze zusammenzu=fügen."

„Sie nennen die ungeheure Summe einen billigen Preis?" fragte Rodenbach, mit dem Finger auf die vielen Nullen deutend, die Tausende besiegeln.

„Der Juwelier ist ein solider und billiger Mann. Wenn er sagt, der Schmuck ist preiswürdig, so können Sie sich darauf verlassen, daß er es wirklich ist."

„Nun, ich werde mir das Kunstwerk ansehen."

Der Oberst fuhr fort:

„Als mein Freund jenen Brief erhielt, erschien zugleich der Anwalt einer Schwester, die als kinder=lose Wittwe in tiefer Zurückgezogenheit gelebt und erst in spätem Lebensalter auf den Gedanken gerathen war, zu reisen. Kaum hatte sie sich in Bewegung gesetzt, so war sie auf einer Reise auf dem Continent gestorben, und der Anwalt meldete ihm, daß sie, die er immer für arm gehalten, ein Vermögen von vier=zigtausend Pfund hinterlassen hätte, welches ihm als einzigen Erben zufiel.

„Seine Gemahlin war eben der Angelegenheit mit
dem Schmuck halber in seinem Cabinet und rief, als sie
dies hörte, in ziemlich entschiedenem Tone:

„„O, Sir Hugh, jetzt muß Kate statt Perlen
Diamanten haben, einen Schmuck mit einem wahr=
haft fürstlichen Diadem, denn ihre Schönheit ist von
der Art, daß nur strahlende Diamanten mit derselben
rivalisiren können. Ueberdies war es eine einfache
Perlenschnur, die sie als Schmuck für ihre Vermählung
trug."".

„Sir Hugh war jedenfalls auch der Meinung,
daß die Schönheit seiner Tochter einen Diamantschmuck
als hebendes Relief haben müßte. Er entschied sich
für die Diamanten, die ihm der Juwelier auf seine
Anfrage empfahl. Und da der Perlenschmuck also
nun, wie es scheint, herrenlos ist, können Sie ihn für
mich kaufen und bezahlen. Vielleicht mache ich selbst
der liebenswürdigen Kate, die sich immer so freundlich
um meine Tochter bemüht, ein Geschenk damit."

Rodenbach sah den Obersten ganz verdutzt an,
dieser fuhr jedoch ruhig fort:

„Lassen Sie sich bei meinem Banquier auch Ihren
Gehalt für die drei letztvergangenen und den laufen=
den Monat auszahlen, und zugleich hundert Pfund
für die Reisekosten. Sie müssen wie ein Gentleman
reisen und in London auch als solcher leben, vielleicht

haben Sie auch für die lange Seereise noch Einkäufe zu machen."

Rodenbach dankte ihm, es geschah aber nicht mehr mit der Wärme, mit der er früher Zeichen seiner Großmuth hingenommen. Wenn der Same des Miß= trauens ein Mal in eine Seele gefallen, so wuchert er selbst in der arglosesten, und da Rodenbach der Meinung war, er würde absichtlich entfernt, so hielt er das Gebotene für den Kaufpreis einer armen Seele.

Der Oberst beobachtete ihn, ein Schatten flog über seine Züge, und nachdem er einige Mal im Zim= mer auf= und abgegangen, blieb er plötzlich vor ihm stehen und fragte, ihn mit seinem durchbringenden Auge scharf fixirend:

„Wollen Sie vielleicht Mistreß Rodenbach mit= nehmen?"

In Rodenbach's Gesicht schoß eine dunkle Röthe. Er fühlte sich bei einem Hintergedanken ertappt und sagte, sein ehrliches Auge auf ihn richtend, nun auch mit seiner gewohnten Offenheit:

„Nein, Herr Oberst, dies würde nicht blos störend in Ihre Pläne greifen, sondern auch der Billigung meiner Gattin entbehren. Ich treffe in Plymouth mit Ihnen zusammen und hoffe, meine Aufträge zu Ihrer Zufriedenheit ausgeführt zu haben.

Er verließ das Zimmer, schleppte seine Koffer herbei und begann einzupacken.

Der Oberst sah ihm kopfschüttelnd nach.

Cölestine hatte ihn unmittelbar nach der Mit= theilung des Briefes verlassen. Er vermuthete, daß sie entweder im Parke umherging, oder auf der Platte= form des alten Thurmes saß. Er wäre gern hinunter= gegangen, um ihr mitzutheilen, was geschehen war, es blieb ihm jedoch hierzu keine Zeit. Ueberdies mußte sie ja bald zurückkommen, wenn sie sich zum Diner ankleidete, wie sie sich gewöhnt hatte und es die feinen englischen Damen thun. Auch er begann seine Toilette und hatte sie noch nicht beendet, als Cölestine athem= los hereinstürzte und ausrief:

„Ich hatte keine Ahnung, daß Du reisen sollst."

„Ich habe es auch erst jetzt erfahren und bitte Dich, mir Wäsche genug herauszulegen."

„Ich werde Deine Sachen vollends einpacken."

„Hierzu wirst Du nicht Zeit haben, es wird früher gespeis't, weil ich durchaus erst essen soll, und wenn dies zur gewöhnlichen Zeit geschieht, ich nicht mit dem Nachtzuge fortkomme, den ich benutzen muß."

„Ich weiß es, der Oberst sagte es mir so eben."

„Dann kleide Dich an und laß mich das Geschäft selbst besorgen."

„Es ist weiter Nichts nöthig, als das Haar zu glätten und einen frischen Kragen umzustecken."

„Ach ja, Du trägst ja Dein neues Seidenkleid, wie ich sehe. Wolltest Du ausgehen?"

„Ich beabsichtigte es am Morgen," sagte sie er=röthend.

„Hast Du Aufträge für mich in London?"

„Nein, ich danke Dir. Was man in London vielleicht schön findet, wird in Agra oder Delhi für geschmacklos erklärt. Ich will also mit meinen Ein=käufen warten bis dahin."

Edmund stand vor dem Spiegel und bemühte sich, seine widerspenstige Cravatte zu zähmen. Jetzt lag der Knoten schulgerecht, er drehte den Kopf nach Cöle=stine herum und sagte wehmüthig:

„Cölestine, hegst Du nicht den Wunsch, mit mir zu gehen? Schnürt Dir nicht eine gewisse Bangigkeit die Brust zusammen?"

„Weßhalb sollte mir bange sein?"

„Sehnst Du Dich nicht nach einem gewissen Schutz?"

„Nein, bin ich nicht selbst kräftig genug, um mich zu schützen, die Verhältnisse haben mich dazu ge=drängt, es zu thun."

„Und es bangt Dir nicht vor der Zukunft in jenem fremden Lande, dessen Sitten ▬ unserigen geradezu entgegenlaufen? Du fürchtest auch nicht die Verhältnisse, die zuweilen einen zweifelhaften Charakter haben?"

„Ich verstehe Dich nicht, mein Freund, erkläre Dich deutlicher, wenn ich bitten darf."

„Du hast stets einen richtigen Tact und ein feines Gefühl verrathen. Denke also über meine Worte nach, wenn ich fort bin, und Du wirst gewiß die Lösung des gegebenen Räthsels sehr rasch finden, wenn Du Deine Umgebung schärfer in's Auge fassest."

Edmund war seiner Gattin näher getreten, er legte seine Hände auf ihre Schultern und sah ihr tief in die Augen. Dabei sprach er einbringlich und ernst wie ein Vater, ohne den geringsten Nachklang der Leidenschaft. Seine Worte, so mild und schonend sie auch im Ganzen waren, konnten doch nicht ohne gewissen Eindruck verklingen, und Cölestine verrieth dies durch ihr Erröthen, wenn auch das Auge sich funkelnd auf ihn richtete und kampfesmuthig auf ihm haften blieb. Ehe sie jedoch Zeit gewann, eine Antwort zu geben, ward an die Thür geklopft.

Cölestine eilte, sie zu öffnen. Sie sah den langen Dick und Steamer, die gekommen waren, um die Koffer ihres Gatten abzuholen. Statt die Thür wieder zu schließen und sie zum Warten aufzufordern, öffnete sie dieselbe und ließ die Männer eintreten.

Nicht ohne eine gewisse Haft warf sie noch einige Gegenstände in die Koffer, warf die Deckel zu und fragte Edmund, der sich, sie beobachtend, an einen Schrank lehnte, ob sie dieselben verschließen sollte.

„Ich werde es selbst besorgen," antwortete er kurz.

Er that es mit kalter Ruhe.

Die Männer erfaßten den größten der Koffer, und Cölestine verschwand im Nebenzimmer.

Edmund sah sich im Zimmer um, ob er Etwas in dem Raume zurückgelassen, in dem er heimisch gewesen, den er aber wahrscheinlich nie wieder betreten sollte. Die Vergangenheit mit ihren Schmerzen und Freuden rauschte noch ein Mal heran, dann versank sie in den Wogen wie ein strandendes Schiff.

Die Männer kamen zum zweiten Male; was sie nicht fortbringen konnten, nahm Rodenbach, der selbst mit an den Wagen hinunterging, um sich zu überzeugen, daß Alles ordentlich besorgt ward.

Am Wagen lehnte ein ältlicher Mann, der nicht wie ein Gentleman, nicht wie ein Pachter, sondern wie ein Herrendiener aussah. Eine Livree trug er jedoch nicht. Dieser Umstand, mehr aber noch der Gesichtsausdruck desselben, erregte die Neugier oder, wenn wir lieber wollen, eine gewisse Besorgniß in unserm Lands=

manne, und er wendete sich mit der Frage an Steamer, dem, wie wir wissen, seine Habe anvertraut war:

„Das ist wohl ein Reisegefährte?"

„Ja, Sir, es ist ein ehemaliger Diener von Sir Hugh, dem Baronet, er hat unserm Herrn einen Brief gebracht und war mit der Postkutsche bis in das Dorf gefahren. Da dieselbe aber erst morgen früh wieder hier vorüber kommt, so will er lieber mit mir bis Dunfried fahren und den Dampfwagen von dort aus bis London benutzen."

Edmund faßte den Mann schärfer in's Auge und fragte:

„Hat er in London Geschäfte?"

„Er beabsichtigt, von dort aus mit einer Herr= schaft nach dem Continente zu gehen."

Rodenbach fand es sonderbar, daß Sir Hugh den Diener hierher mit einem Auftrage an den Ober= sten schickte, den derselbe doch, da er direct nach Lon= don ging, hätte dort ausrichten können, denn selbst, wenn ihm sein früherer Herr nicht den Schmuck hätte anvertrauen wollen, so hätte er wenigstens die Auf= träge an seinen Banquier und den Juwelier ausrichten können.

Mit diesen Gedanken beschäftigt, sah er den Wa= gen mit seinem Hab und Gut abfahren und den frem= den Mann — der neben Steamer Platz genommen —

sich noch ein Mal nach ihm umschauen, aber nur verstohlen, wie es schien.

Seine früheren Betrachtungen wurden jedoch bald durch einen neuen Gedanken verdrängt.

Weßhalb hatte er unbewußt Alles, was ihm gehörte, so sorgfältig gepackt und mit sich genommen? Weßhalb führte er nicht blos Das, was er in London brauchte, bei sich? Schien es nicht, als habe er ein ganz anderes Ziel, als Cölestine und der Oberst, und er sich für den Fall vorgesehen, daß Cölestine eine Trennung vorschlüge? — Er blieb fast erschrocken stehen, seltsam verwirrende Ideen tauchten in ihm auf. Doch Zeit und Fluth warten niemals. Die Speiseglocke mahnte ihn an das Fliehen der Zeit.

Viertes Kapitel.

„Was war denn das für eine fremde Person, die den Wagen Steamer's bestieg?" fragte der Oberst den eintretenden Robenbach, als er sich dem Tische näherte.

„Es war Sir Pembrookes Diener, Herr Oberst, Derselbe, der Ihnen den Brief des Baronets gebracht hat."

Richtig, es war Clyde, mein alter Bekannter aus Ostindien. Wie konnte ich nur über eine so ausgezeichnete Persönlichkeit einen Augenblick in Zweifel sein! Ich hätte den Mann vorlassen sollen."

„Uebergab er Ihnen den Brief nicht selbst, Sir?"

„John brachte ihn herein, ohne zu sagen, wer der Ueberbringer sei, und ich nahm ihn in Empfang, ohne zu fragen."

„Mir hat der Mann durchaus nicht gefallen."

„O, es ist ein ausgezeichneter Diener, um den ich Sir Hugh beneiden könnte."

„Er ist nicht mehr bei Sir Pembrooke, wie ich hörte."

Der Oberst legte seine Gabel hin und sagte, mit überlegenem Lächeln seinen Gegner fixirend:

„Das ist wohl ein Mißverständniß, Mr. Rodenbach."

Dieser zuckte die Achseln und antwortete:

„Steamer sagte mir, daß er nach London wollte, um sich einen Dienst zu suchen."

„Unmöglich. Wer einen solchen Diener besitzt, entläßt ihn nicht. Und wenn er nach London hätte gehen wollen, würde ihm mein Freund gleich die Auf= träge direct gegeben haben, die er mir zur Besorgung empfiehlt. Clyde ist ein verschmitzter Bursche, jeden= falls handelt es sich um eine Mystification."

Edmund hielt es für unschicklich, noch länger zu widersprechen, er widmete sich daher mit allem Eifer seiner Aufgabe, den vor ihm stehenden Teller in der kürzesten Zeit zu leeren.

Nach minutenlangem Schweigen begann der Oberst wieder, denselben Gegenstand aufzunehmen.

„Die Richtung, die Clyde eingeschlagen, unter= stützt übrigens seine Angabe. Wenn er nach Dun= fried geht und dort mit der Bahn weiter reis't, ent=

fernt er sich immer mehr von seiner letzten Heimath. Er wird also doch am Ende nicht mehr bei meinem Freunde sein."

„Sie kennen den Burschen von früher, Herr Oberst?" fragte Cölestine, die gern die gute Laune des Obersten, die ihm fehlte, herstellen wollte.

„Ja, von Indien aus, wo er Kate's Lieblings= diener war."

„Weshalb verließ er sie da?"

„Clyde ist ein Schotte und war urspünglich Kam= merdiener bei Kate's Gatten, der, wie ich Ihnen schon früher erzählte, ebenfalls ein Schotte ist. Clyde ge= hörte zu den Unterthanen seines Vaters, und sein Herr, der Kate in London gesehen und eine Einladung nach Pembrooke=Castell erhalten hatte, brachte ihn mit dort= hin. Kate fand Gefallen an dem muntern, anstelligen Burschen, der ihr so viel Schönes und Gutes von seinem Herrn erzählte; — natürlich war ihr Kammer= mädchen das vermittelnde Glied — und als ihr Ver= ehrer abreif'te, erbat sie sich seinen Diener als Groom. Es war allerdings ein etwas alter Groom, und ein Wenig zu stämmig war er auch; da aber Kate eine etwas tolle Reiterin war und niemals ein zu sanftes Pferd haben wollte, so konnte es Nichts schaden, wenn ihr ein ziemlich handfester Diener folgte. Kurz, er ward engagirt, und er mußte die Interessen seines Herrn in deſſen Abweſenheit ſo vortrefflich zu wahren, daß ein halbes Jahr ſpäter die Vermählung ſtattfand und er nun erſter Diener des neuen Haushalts ward."

„Das iſt ja ganz außerordentlich intereſſant," rief Cöleſtine, die, wie ſie ſtets that, wenn der Oberſt er= zählte, ihm mit der größten Spannung gefolgt war.

„Er begleitete das Paar auf ſeiner Hochzeitsreiſe, und als das Regiment nach Indien commandirt wurde, folgte er ihnen auch dorthin."

„Da es aber Umſtände geben kann, die ſelbſt die Treue eines Hundes erſchüttern können, ſo —"

„Sie haben Recht, Miſtreß Rodenbach. Clyde iſt ein durchtriebener Burſche, der ſeine großen Hände gern in Alles miſcht. Er kannte die indiſchen Ver= hältniſſe in kurzer Zeit bald ſo gut, wie ein Eingebor= ner, ſaß bald mit ihnen in den Kaſernen, bald am Spieltiſch, beobachtete die Beamten und beſpionirte die Prieſter. Mehr als ein Mal hatte man ihn in der Nähe der Tempel erwiſcht, oder als Hauſirer auf den Dörfern umherſchleichen ſehen. Kurz, er war unter den Eingebornen anrüchig geworden und mußte das Land verlaſſen, wenn er ſein Leben retten wollte."

„Und was ſagte ſeine Herrin zu allem Dieſem?"

„Sie entließ ihn unter Thränen und empfahl ihn ihrem Vater, der ihn auch ſofort engagirte."

„Dann ist gewiß etwas Außerordentliches vorge=
fallen, daß er ihn entlassen hat."

„Der Bursche wird keine Ruhe gehabt haben.
Das faule Leben eines Footman auf dem Landsitze
eines Edelmanns, der in beschaulicher Ruhe lebt, ist
ihm zu einförmig gewesen."

„Und Sie glauben, daß er lieber wieder mit einer
Herrschaft auf Reisen gehen möchte?"

„Ich glaube, er sehnt sich nach Indien zurück. —
Ich hätte ihn engagiren sollen, und ich bin überzeugt,
ich würde Kate eine größere Freude bereitet haben,
wenn ich sein Schurkengesicht zur Thür hineingeschoben,
als wenn ich ihren Diamantschmuck ausgebreitet hätte."

Cölestine brach in ein herzliches Gelächter aus.
Der Oberst sagte aber in verändertem Tone:

„Kate ist eine von den wenigen Frauen, die ein
treues Herz, eine ergebene Seele höher stellen, als eitlen
Tand und nutzlose Pracht."

Cölestinens Lachen war verstummt, es trat eine
Pause ein, und als diese peinlich zu werden begann,
fragte Rodenbach den Obersten mit noch ungedämpf=
tem Mißtrauen:

„Wenn nun Ihre Freundin mittlerweile zu der
Ueberzeugung gekommen ist, daß ein händelsuchender
Diener ihr in einem noch uncultivirten Lande so ge=

fährlich werden kann, wie ein Faß Pulver dem Hause, in dem die Kinder mit Feuer spielen dürfen, wie dann?"

„Dann behielte ich ihn einfach für mich. Er ist ein so ausgezeichneter Jagddiener, daß ich keinen bessern finden kann, und der beste Mann im Criquetspiel. Und da ich, seit ich mein Augenlicht wieder habe, viel Jagdlust in mir verspüre, so wäre es überhaupt die Frage, ob ich Clyde an Kate abgetreten hätte, wenn es mir nämlich gelungen wäre, ihn mir zu sichern, wie ich gewiß gekonnt."

„Wenn es wirklich in Ihrem Interesse liegt, Sir, sich den Burschen zu sichern, so senden Sie ihm doch einen Boten nach, der ihn zurückruft."

„Ich kann mich nicht so compromittiren, denn gerade dieser Clyde würde sofort den Umstand benutzen, daß er im Vortheil ist."

„Dann erlauben Sie mir, daß ich die Tafel verlasse; wenn ich sogleich wegreite, hole ich den Wagen entweder noch unterwegs ein, oder ich kann am Bahnhofe noch ein Wort mit ihm reden."

„Das ist ein gutes Auskunftsmittel. Demungeachtet bleibt mir die Ueberzeugung, daß ich wie ein Dummkopf gehandelt habe."

„Wohl alle Menschen haben ein Mal eine Stunde, in welcher sie fühlen, daß fleißig gesammelte Kenntnisse und mühsam gewonnene Erfahrungen nicht für

das Bedürfniß des gegenwärtigen Moments ausrei=
chen," tröstete Cölestine.

Der Oberst sann einige Minuten nach, dann
sagte er entschieden, sein Taschenbuch herausziehend:

„Gut, machen wir es so; wenn Sie den Mann
einholen oder treffen, so geben Sie ihm den Rath, sich
an mich mit der Bitte zu wenden, mich nach Indien
begleiten zu dürfen. Hier ist seine vollständige Adresse,
damit Sie nicht etwa an einen falschen Mann ge=
rathen. Auch braucht er nicht erst hierher zu kommen.
Er kann sogleich nach Plymuth gehen. Im Sindbath=
Hotel wird er mich treffen, wie Sie ja schon wissen."

Während Edmund bemüht war, das Blatt, welches
der Oberst aus seinem Taschenbuch genommen und be=
schrieben hatte, in dem seinigen unterzubringen, griff
der Oberst nach der Klingel und zwar mit solcher Hast,
daß Rodenbach sah, wie viel ihm daran lag."

John eilte herbei.

„Mr. Rodenbachs Pferd!"

John verschwand, und Edmund verließ das Zim=
mer. Cölestine blieb ruhig an ihrem Platze.

„Wollen Sie Ihrem Gatten nicht folgen, Mistreß
Rodenbach?"

„Ich danke Ihnen für Ihre Rücksicht, Sir, ich
werde Mr. Rodenbach hinunter begleiten, wenn er sich
Ihnen empfohlen hat."

„Geht Ihnen der Abschied nahe?"

„Bin ich nicht bei gutem Appetit?"

„Und bei gutem Aussehen besonders."

„Glauben Sie? Ich dachte, ich wäre zu roth."

„Sie sind allerdings jetzt weit blühender, als damals, wo ich Sie das erste Mal sah."

„Ach damals hatte ich so sehr gelitten!" Und ihre klare Stirn umwölkte sich, die Augen wurden so schwarz wie die schwärzeste Dezembernacht, und die Farbe floh aus ihren Wangen.

„Nun, das Leid ist ja überwunden, man soll es nicht länger festzuhalten suchen, als es gegenwärtig ist. Denn da jeder Tag neue Schmerzen bringen kann, müssen die alten begraben werden."

Cölestine erhob sich, ging in's Nebenzimmer und öffnete das Piano, von dem sie sich ja auch bald trennen mußte. Die Hände irrten über die Tasten, dann spielte sie: „Das Abschiedslied", von Mendelssohn-Bartholdy.

Edmund erschien unter der Thür, seine Hand bedeckte die Augen, und erst als das Lied beendet war, eilte er an's Piano, drückte einen flüchtigen Kuß auf Cölestinens Wange und eilte dann hinüber in's Speisezimmer, wo der Oberst bei seiner Flasche saß, aber statt zu trinken, in sein Glas schaute.

Edmund stellte sich ihm gegenüber und machte seine Verbeugung so untadelhaft, als wäre er niemals gerührt gewesen.

„Nun, sind Sie da, um Abschied zu nehmen? Hier, trinken Sie noch ein Glas auf ein fröhliches Wieder=sehen."

Edmund stürzte das Glas hinter, der Oberst reichte ihm die Hand, und in wenig Augenblicken saß er zu Pferde. Als er sich herumwendete, um noch ein Mal grüßend den Hut zu lüften, stand Cölestine mit dem Oberst am Fenster.

Das Pferd flog wie ein Pfeil dahin und war bald in der Allee unter den alten Bäumen ver=schwunden. Der Reitknecht hatte Mühe ihn einzu=holen.

„Mr. Rodenbach war ein schlechter Reiter, als er hierher kam," bemerkte der Oberst, „allein er hat es in kurzer Zeit bewundernswürdig gut gelernt."

„Schade, daß wir fortgehen," entgegnete Cölestine, „sonst hätte er sich bei dem nächsten Rennen betheiligen können."

Der Oberst sah ihr überrascht in's Gesicht; dieser Ton von Geringschätzung in Verbindung mit Roden=bach's Vorzügen und Tugenden war schon sehr oft an sein Ohr geschlagen. Jetzt in der Scheidestunde be=rührte er ihn doppelt unangenehm, und Cölestine würde vielleicht eine ernste Zurechtweisung erhalten haben, wenn er klar darüber gewesen wäre, ob sie ihre wahren Gefühle ausspräche, oder durch ihre Gleichgiltigkeit wärmere Empfindungen verschleiern wollte.

Er kannte die Frauen, denn er hatte sich spät vermählt und vor diesem Zeitpunkte sich viel mit dem Studium von Damenherzen abgegeben. Er wäre ja sonst kein richtiger Offizier gewesen, kein Gentleman, der sich seine Politur im Parterre, im Salon oder im Boudoir geholt, oder hinter den Coulissen zeitweilig verloren hatte. Aber unter allen den Schönen, mit denen er gespielt, oder die mit ihm gespielt hatten, war ihm Keine so undurchdringlich gewesen, wie Cölestine, die es verstand, sich für gewöhnlich in einen Panzer von Eis zu hüllen, aus dem sie nach Gefallen Sonnenblicke, Gluthstreifen und Feuerbrände spielen ließ, ohne daß es den Anschein hatte, als liege irgend eine Absicht zum Grunde. — Die Art, wie sie mit ihrem Gatten verkehrte, war ihm ganz besonders interessant; der Abschied, das Nachschauen und diese Bemerkung. — Vielleicht hatte Europa Fortschritte gemacht, während er in Indien vegetirte. — Jedenfalls gehörte es zum guten Ton, bessere Regungen, Ausbrüche des Gefühls zu verschleiern, wenn man sie nicht zu unterdrücken vermochte, und nur Härte und Kälte ungezügelt hervorbrechen zu lassen, sobald sich der Ver-

kehr auf die nächsten Angehörigen und ganz besonders
auf den Gatten beschränkte.

Aber wenn dies die unbehaglichen Empfindungen
unsers Obersten waren, weßhalb machte er da dieser
Frau den Hof? Weßhalb schlürfte er den Weihrauch
mit seinem Geruchssinn, wie ein echter Gourmand?—
Weßhalb ließ er sich von diesem Weibe abwechselnd
beherrschen, oder am Gängelbande führen? — Weil
sie Alles, was seine Sympathieen weckte, wie der
Dichter die Geheimnisse der Natur belauscht; weil
sie es verstand, wie ein Maler Effekte zu erzie=
len; weil ihre Rolle eine gelernte war, und die Dar=
stellerin gewandt wie ein guter Schauspieler, dazu der
Zauber einer in jeder Art bevorzugten Persönlichkeit,
und der Vortheil einer — im weltlichen Sinne genom=
men — guten Erziehung.

Alle diese Eigenschaften, die sie dem fremden
Manne so begehrenswerth erscheinen ließen, umwucher=
ten jedoch das häuslichen Glück als Giftpflanze, die jener
zarten Blume den Nahrungsstoff abgruben, ehe sie
noch ordentlich Wurzel geschlagen, und der ehrliche, bie=
dere, geradsinnige Rodenbach war gerade ein Naturell,
welches sich dem ihrigen am Wenigsten anbequemen
konnte. Es war also natürlich, daß sie ihn schwer=
fällig und unerträglich fand, und die Abwesenheit we=
niger Tage schien ihr jetzt ein solches Glück, wie die

offen gefundene Speisekammer einem naschhaften Kinde. Sie eilte nochmals auf die Plateform der Ruinen. Weit, endlos weit, dehnte sich die Ebene, noch weiter spannte sich das Himmelszelt über derselben aus, am Weitesten aber die Netze der Gedanken, die in ihrer Unermeßlichkeit eine indische Fürstenkrone auf ihrer Stirn sahen, an der alle Genüsse der Welt, alle Pracht der Erde und ein Heer dienender Sclaven hingen, die ihrem Winke gehorchten.

Wer vermag den Phantasiegebilden eines eitlen, ehrgeizigen Weibes eine Schranke entgegenzusetzen, wer die Ausgeburten ihres fruchtbaren Geistes einzudämmen? Eine Heirath mit dem Obersten war die Brücke, die sie zu jenem Luftschloß tragen sollte. Die lange Seereise mußte das Material liefern, und sie wollte die Bausteine alle einzeln, mühsam und keuchend herbeischleppen. Nach dem Tode des Obersten fand sich sicher ein indischer Nabob.

Wie anders waren die Gedanken jetzt, als damals, wo sie, über ihre Arbeit gebeugt, den einzigen Freund herbeisehnte, der die Verbannung mit ihr theilte!

Und der Oberst? Ihm hatte jede Absichtlichkeit fern gelegen, als er Rodenbach entfernte. Auch hinter seinen Huldigungen lauerte kein Verrath. Er bedurfte blos der Nähe einer gebildeten Frau zu seinem Wohl-

befinden. Die vorherrschende seiner Empfindungen war
inniges Wohlwollen, entsprungen aus einem Gefühle
von Dankbarkeit, ja er empfand dasselbe eigentlich in
einem höheren Grade für Edmund, als für Cölestine,
und seine Geschenke gab er ihr nur, ihr Freude zu be=
reiten, die seine Tage verschönte. Sie waren allerdings
werthvoll, zu werthvoll als Beweise harmloser Zunei=
gung; da jedoch der Oberst ein reicher Mann war, der
seine Börse nicht öffnete, um Silbergroschen zu zahlen,
sondern nur Goldstücke führte, so schmolz der Werth
solcher Gaben bedeutend zusammen. Ferner lag in der
Art, wie er sie gab, etwas Verbindliches, eine gewisse
Galanterie, die den Beobachter wohl leicht täuschen
und den Verdacht in ihm erregen konnte, zärtlichere
Gefühle wären die Quelle dieses Benehmens; allein
diese Haltung den Damen gegenüber, war ihm natür=
lich geworden, sie hatte sich gleichsam mit seinem inner=
sten Wesen amalgamirt, er konnte also nicht anders
sein.

Nur in Cölestine selbst gewannen jene wesenlosen
Schatten Gestalt und Form. Nur sie war es, die durch
ihr Verhalten in Edmund Besorgnisse erregte, wie so
oft absichtsloses, ja sogar gedankenloses Huldigen der
Männer erst dadurch verhängnißvoll für die Frauen
wird, daß sie Allem eine andere und tiefere Bedeutung
geben, bis zuletzt die Ueberzeugung in ihnen Raum

gewinnt, daß sie geliebt werden. Aber dann haben die Männer gewöhnlich schon sich andern Gegenständen zugewendet.

Als Edmund so dahingaloppirte und allerhand unerquickliche Gedanken neben ihm her trabten, flü= sterte er:

„Wie gut, daß es nicht Walpurg ist, die Du so zurück lässest! Mit der Hölle im Busen müßtest Du jetzt dahinstürmen. Walpurg würde Dich aber auch gar nicht in diese Lage versetzt haben, und von ihr hättest Du Dich auch nicht getrennt, sie hätte entweder mit Dir gehen müssen, oder Du wärst bei ihr geblie= ben." Unbewußt ließ er sein Pferd langsamer gehen, seine bittern Gefühle sänftigten sich, bald sah er sie an seiner Seite, und die Bilder eines Glücks, von dem er in Wahrheit so weit entfernt war, umgaukelten ihn.

Endlich sank der Abend herab, Friede senkte sich auf die ganze Natur, sein Inneres harmonirte mit dem= selben, denn in den Gedanken an Walpurg lag nie etwas Aufregendes, sondern eher etwas Beschwichtigen= des. Er dachte ihrer, wie man der Engel denkt, sein armes, krankes Herz ward still, denn so gewiß wie er überzeugt war, daß sich Walpurg nie selbst verlieren könnte, so fest und sicher mußte er auch seinen Man= nesmuth festzuhalten suchen, wenn auch Stürme ihn umtos'ten.

Unter solchen Betrachtungen erreichte er den Bahn=
hof, und da er unterwegs den Wagen nicht eingeholt
hatte, suchte er denselben zu erspähen, denn er wünschte,
daß Steamer Clyde gleich wieder mit zurücknehmen
möchte, wenn er einwilligte, in die Dienste des Ober=
sten zu treten. Oder, im Fall der Pächter schon den
Heimweg angetreten hätte, konnte der neue Diener
auch das Pferd benutzen, welches er so eben geritten.

Er hatte nur noch eine halbe Stunde bis zum
Abgange des Zuges, denn während seiner Träumerei
hatte sich die Eile, mit der er seinen Weg angetreten,
bedeutend gemäßigt, und er hätte nicht später aufbre=
chen dürfen, um den Abgang des Zuges nicht zu ver=
fehlen. Er schritt daher nach dem Raume, in welchem
das Gepäck angenommen und gewogen wurde, und
richtig! hier standen seine Koffer, die er sich in London
gekauft. Die blanken Messingschilde mit seinem Na=
men blitzten ihm vertraut entgegen. Seine Karte mußte
also auch in der Hand des Beamten sein, wenn Stea=
mer sich wieder entfernt hatte.

Rasch ging er auf den Beamten zu, zog eine
zweite Karte aus ihrem Behälter, präsentirte sie ihm,
und als es richtig war, ordnete die Angelegenheit, um
dann, mit dem Gepäckschein in der Hand, das Billet
zu lösen. Während dieses Geschäfts schien es ihm,
als schaue durch eins der Fenster der Mann, den er

vergebens gesucht. Zugleich schien es ihm aber auch, als wolle er sich nicht sehen lassen, denn der Kopf verschwand so schnell, wie er ihn erblickt, sobald er seine Augen schärfer dorthin richtete.

Da Rodenbach gewissenhaft sich ein Mal übernommener Pflichten entledigte, so schritt er auf dem Perron die ganze Reihe der Wagen entlang, in der Hoffnung, Clyde wieder zu sehen; allein die Glocke ertönte, er mußte einsteigen und siehe da, in dem Wagen den er betrat, saß Clyde. Er schien bei seinem Eintritt zu erschrecken, doch Rodenbach achtete weiter nicht darauf, er theilte ihm seinen Auftrag mit und gab ihm die Adresse des Obersten.

„Jetzt kann ich nicht umkehren," bemerkte der Diener, „ich habe mich der Herrschaft in London schon halb und halb verbindlich gemacht, doch ist es möglich, daß ich später —"

Die Wagen hatten sich schon in Bewegung gesetzt, und der Zug braus'te fort.

Fünftes Kapitel.

„Nach dem Hotel der Herren Ehrlich und Redlich!" rief Rodenbach dem Droschkenkutscher zu, der vom Bahnhofe abfuhr, als sein letzter Koffer untergebracht war, und stieg munter ein.

„Nach demselben Hotel," flüsterte eine leise, beinahe schüchterne Stimme dem nächsten Wagenführer zu. „Haltet Euch dicht hinter dem andern Wagen."

Der zweite Passagier glich täuschend dem vielgerühmten Clyde, nur war der Mann, den wir unter diesem Namen kennen lernten, glatt rasirt und ziemlich kahl geschoren, während der Passagier im zweiten Wagen einen großen Bart trug, der beinahe das ganze Gesicht beschattete, und schwarzes, reichgelocktes Haar, wie ein wahrer Sohn Israels.

Das oben erwähnte Hotel war ziemlich entfernt von dem Bankgeschäft, so wie von dem Gewölbe des

Goldarbeiters. Rodenbach hätte gewiß mit leichter
Mühe ein Unterkommen finden können, welches ihn
in die Nähe seiner Geschäftsfreunde gebracht. Da er
aber jenen Leuten seine jetzige Stellung zu danken
hatte, so wäre ihm in einem andern Gasthofe jeder
Bissen durch das Bewußtsein seines Undanks ver=
salzen worden. Er übernahm daher die geringe Unbe=
quemlichkeit gern, besonders da er jetzt im Stande
war, einen Wagen zu bezahlen.

Und wie freute er sich, als er ausstieg, über die
Art des Willkommens! Jedes Gesicht lachte ihm ent=
gegen, sobald er erkannt worden war, und der kleine
als „Butons" bekannte Laufjunge sprang hastig die
Treppe hinauf nach Mr. Ehrlich's Privatzimmer, um
ihm die Freudenpost zu melden. Jeder Knopf an
seiner reich damit decorirten Uniform glänzte und
lachte ihm entgegen, wie der Träger derselben; ja das
Unerhörte trug sich zu, Mr. Ehrlich erschien selbst,
um ihn wie einen alten Freund willkommen zu heißen
und ihm sein behaglichstes Zimmer zu geben. War
er doch jetzt ein großer Mann in seinen Augen.

Reisende ohne Gepäck haben den Vorzug vor den
schwerbeladenen, daß sie schneller und unbeachteter
durchkommen. Ehe sie noch das Gasthaus ganz erreich=
ten, gab der Insasse des zweiten Wagens seinem
Kutscher den Befehl, rascher zu fahren, damit er den

vorderen Wagen überhole. Er folgte dem Winke, und so hatte Clyde, denn dieser war es, den Vortheil, Rodenbach ankommen zu sehen und seiner Ausschiffung beiwohnen zu können. Er hoffte zu erfahren, in welchem Zimmer er wohnen würde, wenn der Schlüssel aus der Loge des Portiers mit dem lauten Ausrufe der Nummer dem Aufwärter übergeben würde. Das Ungewöhnliche seines Empfangs ließ jedoch diese seine vorwitzige Neugierde unbefriedigt und machte einen Strich durch daran geknüpfte Berechnungen.

Reisende ohne Gepäck haben auch noch den Vortheil, daß sie wieder hinausschleichen können, wenn sie noch rechtzeitig einsehen, daß sie in der Wahl des Hotels einen Mißgriff gethan haben. Clyde machte von diesem Vorrechte Gebrauch, denn wenn der Herr, den er nun ein Mal beobachten wollte, hier sehr bekannt war, so hielt er dieses Haus für keinen passenden Boden für seine Operationen, und rasch war ein anderer Plan entworfen.

Rodenbach hatte kaum sein Frühstück eingenommen und sich so gekleidet, wie es sich für den Agenten so vornehmer Herren schickt, als er sich zum Juwelier begab.

Dort hörte er, daß Sir Pembrooke allerdings den Schmuck bestellt, seinen Verfertiger aber auch beordert hatte, ihn gut einzupacken und im Laufe nächster

Woche mit der Post nach Ostindien zu schicken. Sein verändertes Arrangement befremdete ihn, wie es schien.

Rodenbach war froh, daß er den Brief vorzeigen konnte, und er that dies und zeigte ihm zugleich die Anweisung an den Banquier des Baronet als vollständige Sicherstellung des Geschäftsmannes. Er erzählte ihm zugleich von der Abreise des Obersten, und daß dieser den Perlenschmuck, den Sir Pembrooke erst bestellt, zu kaufen wünsche.

Der Juwelier holte das Etui mit dem Perlenschmuck, zugleich aber auch einige Briefe von Lord Pembrooke, die er ihm in dieser Angelegenheit geschrieben, und legte sie scheinbar zufällig dicht neben den Brief, den Rodenbach auf dem Tische hatte liegen lassen.

Rodenbach sah, daß seine Augen, während er sprach, prüfend von einem Blatte zum andern irrten.

Er errieth seine Absicht, die Handschriften mit einander zu vergleichen, und eine dunkle Röthe schoß in sein Gesicht. Er befand sich in einer mißlichen Lage und stand auf dem Punkte, zu sagen:

„Geben Sie mir blos den Perlenschmuck, den ich Ihnen für Rechnung des Herrn Obersten Burnside bezahlen werde, und handeln Sie in Bezug auf den Diamantschmuck nach Ihrer früheren Instruction." Da er aber nicht aus freiem Antriebe kam, sondern im

Dienste des Obersten stand, so traf der Schimpf nicht ihn, sondern den Obersten, und da dieser, wie er wohl wußte, sehr empfindlich war, so wagte er nicht, seinem gekränkten Ehrgefühl irgend welche Zugeständnisse zu machen.

Er ging also ruhig nach dem vor der Thür wartenden Wagen, holte den uns bekannten kleinen Koffer, den ihm der Oberst mitgegeben und dessen Sicherung dem Kammerdiener das Leben gekostet, und stellte ihn mit den Worten auf den Tisch vor den Juwelier:

„Hier hinein wollen wir die beiden Etuis packen, wenn ich aus dem Bankhause, wo ich Geldgeschäfte für Sir Burnside zu ordnen habe, zurückkehre. Sie erlauben wohl, daß ich ihn hier lasse."

Der Koffer war ein Meisterstück, sowohl in Bezug auf seine Festigkeit und Eleganz, so wie auf seine nur dem Eingeweihten zugänglichen Schlösser. Auf dem Deckel waren Name und Wappen Burnside's in prächtig eingelegter Arbeit zu sehen.

Der Juwelier verneigte sich und hob den Koffer hinter seinen Ladentisch. Der Koffer konnte natürlich eben so gut gestohlen sein, wie die Papiere gefälscht sein konnten.

Rodenbach griff nach dem Briefe und sagte:

„Verwahren Sie auch diesen, bis ich zurückkehre."

Er wollte ihm Gelegenheit geben, in seiner Ab=
wesenheit die Handschrift in demselben Zug für Zug
mit der der früheren Briefe zu vergleichen.

Das Gesicht des Juweliers klärte sich auf, und
er, der nachdenklich und zerstreut gewesen, wendete sich
jetzt mit vollem Eifer einer jungen, ziemlich elegant
gekleideten Dame zu, die schüchtern und bescheiden
gleich nach Rodenbach eingetreten war und um einen
einfachen Ring handelte. Ein Commis hatte ihr ge=
bracht, was sie verlangte; das Geschäft war aber noch
nicht abgeschlossen, weil sie sich nicht um den Preis
geeinigt. Rodenbach's Blick streifte sie im Hinaus=
gehen, es war ihm ein peinlicher Gedanke, daß sie
aus der Haltung des Juweliers errathen haben könnte,
er traue ihm nicht recht, und während er wieder in
den Wagen stieg, überdachte er noch ein Mal, wie viel
Aufmerksamkeit sie den Vorgängen am andern Tische
geschenkt. Er mußte sich sagen, daß sie sehr auf=
merksam gewesen.

Der Kutscher stand wartend am Schlage, sein
Passagier hatte ihn noch nicht gesagt, wo er ihn hin=
fahren sollte, und da derselbe unverwandt nach der
Thür des Geschäftslocals starrte, das er so eben ver=
lassen, und der Koffer, den er geholt, noch nicht
wiedergebracht worden war, so glaubte er, er müsse

noch warten, und that Nichts, um ihn seiner Träu=
merei zu entreißen.

Jetzt öffnete sich die Thür; statt des Koffers
kam die junge Dame zum Vorschein. Sie warf einen
prüfenden Blick auf Edmund und trippelte dann um
den Wagen herum nach der andern Seite der Straße.

Jetzt erfuhr der Kutscher, welchen Weg er zu
nehmen hatte, der Schlag ward zugeworfen, und als
er seinen hohen Standpunkt eingenommen, mur=
melte er:

„Sie war verteufelt hübsch, hübsch genug, um
einen so schönen jungen Mann für einige Minuten
aus dem Häuschen zu bringen. — Na, ich bekomme
das Warten bezahlt. Mir kann's recht sein.“

Rodenbach dagegen dachte:

„Es schien ein anständiges Mädchen zu sein, aber
kein vornehmes, denn erstens geht sie allein auf der
Straße, schon eine Droschke scheint ein Luxusartikel
zu sein, und dann ist ja die Stunde eine zu frühe für
die vornehme Welt. Selbst wenn sie Etwas erlauscht
und es ausplaudern wollte, würde es nicht bis in die
Kreise bringen, in denen der Oberst heimisch ist.“

Gleichgiltig sah er durch das Wagenfenster auf
das Straßengewühl, plötzlich tauchte eine Gestalt auf,
die ihn frappirte. Clyde, ganz gewiß, es mußte
Clyde, und Haar und Bart falsch sein.

Vor ihnen staute der Menschenstrom, der Kutscher konnte nur langsam fahren, und unter wachsendem Erstaunen sah Rodenbach seine schöne Unbekannte auf den vermeintlichen Clyde zugehen, und nachdem sie einige Worte mit ihm gewechselt, sich wieder entfernen. Sie ging rasch, und er errieth aus ihren Mienen, daß sie ein bestimmtes Ziel haben müsse, zugleich schien aber auch etwas Scheues aus ihrem Wesen hervorzuleuchten.

Rodenbach war daran gewöhnt, stets die Dinge, die ihn umgaben, so scharf in's Auge zu fassen, wie die Menschen, denen er auf seiner Lebensreise begegnete. Der Aufenthalt in der Fremde hatte diesen Trieb nur noch mehr ausgebildet, und während er sich wohl momentan seinen Träumereien hingab, war er doch im Ganzen ein aufmerksamer Beobachter. Daß das junge Mädchen mit jenem Manne in einem ganz ungewöhnlichen Verkehr stehen müsse, stand bei ihm fest, und seine Neugierde war in so hohem Grade rege geworden, daß er lieber den Wagen verlassen hätte und ihr zu Fuße gefolgt wäre. Wenn er aber bedachte, daß er auf diese Weise die kostbare Zeit vergeudete, die ihm ohnedies karg zugemessen war, daß er durch längeres Zögern das Mißtrauen des Juweliers auf's Neue rege machte und zuletzt nicht ein Mal etwas Weiteres entdeckte, als daß er einer zufälligen

6*

Begegnung eine alberne Wichtigkeit beilegte, so war es doch das Klügste, sich nicht um Dinge zu bekümmern, die nicht im Zusammenhange mit seinen Aufträgen standen.

Wir wollen ihm nicht bei den Geschäftsverhandlungen folgen, die sich mehr in die Länge zogen, als er geglaubt. Wir wollen blos bemerken, daß ihm der Juwelier einen Commis nachgeschickt, der sehen sollte, wie er in jenem Geschäft aufgenommen ward, und ob er gekannt sei. Als der Commis mit der beruhigenden Nachricht zurückkehrte, daß er Sir Burnside's unbedingtes Vertrauen genieße und sogar in seiner Begleitung mehrere Male dort gewesen sei, machte der Juwelier keine Schwierigkeiten mehr. Er strich, als der Ausländer, den er sofort als solchen erkannt, das Geld für den Perlenschmuck bezahlte, dasselbe ein und händigte ihm auch den Diamantschmuck gegen die Anweisung aus.

Rodenbach nahm seinen Koffer, legte neben die Schmuckgegenstände auch die Werthpapiere und Abrechnungen und Sir Pembrooke's Brief hinein und verschloß den Koffer sorgfältig, während er Das, was er auf seine Rechnung beim Banquier erhoben, in der Brusttasche seines Rockes trug, wohin er auch die Schlüssel zum Koffer steckte.

Ehe er das Local des Juweliers verließ, in

welchen ihm tausend Dinge entgegenschimmerten, die
das Herz einer Frau hätten erfreuen können, ließ er
seine Blicke noch ein Mal in der Absicht umherschweifen,
ob er nicht wenigstens eine Kleinigkeit für Cölestine
kaufen sollte, zum Zeichen, daß er in London ihrer
gedacht. Sein Blick fiel auf ein allerliebstes Vergiß-
meinnicht in Nadelform, er kaufte es und empfahl sich,
seinen Koffer neben sich auf den Sitz des Wagens
nehmend.

Als er sich auf dem Rückwege in das Hotel befand,
überfiel ihn eine unbestimmte Angst, ob er auch die
ihm anvertrauten Schätze glücklich an Ort und Stelle
bringen werde, und Alles, was er in der letzten Zeit
erlebt, ging nochmals an seinem Geiste vorüber. Er
fand Manches dunkel und unerklärlich. So z. B. auch
den Umstand, daß Sir Pembrooke, der wenige Tage
zuvor an Sir Burnside einen Brief durch die Post
gesandt, in welchem er ihn von Dem benachrichtigt,
was wir bereits wissen, und den zweiten Brief durch
seinen Diener schickte, so wie daß er überhaupt den
stolzen Edelmann zu seinem Geschäftsagenten erniedrigt.
Dann die Zweifel des Juweliers an der Echtheit jenes
Briefs, und das Erscheinen Clyde's in seiner Nähe,
seine Weigerung, umzukehren.

„Es wird das Beste sein, ich übergebe den Koffer
an Mr. Ehrlich zum Aufbewahren," dachte er, „oder

noch beffer wäre es, ich kehrte gar nicht wieder in das Hotel zurück und führe gleich nach dem Bahnhofe." Er stand unschlüssig.

Allerdings hatte er sich noch einer Menge Aufträge für Sir Burnside zu entledigen, auch noch einige Besuche in seinem Namen abzustatten, und seine Koffer befanden sich auch noch im Hotel. Er mußte unbedingt dorthin zurück. Uebrigens war der Cassaschrank der Besitzer gewiß sicher.

Als er ausstieg, nahm er seinen kleinen Koffer, trat damit in Mr. Ehrlich's Kassenzimmer und bat ihn, denselben zu verwahren, indem er zugleich den Werth angab. Der Hotelbesitzer war gern bereit dazu und händigte ihm den Empfangschein ein.

Er ging in sein Zimmer, um sein eignes Vermögen und den Schein dadurch zu sichern, daß er es in der Tasche eines Camisols auf der bloßen Brust unterbrachte, die ihm Cölestine eingenäht, ehe sie sich auf die Flucht begaben, um Papiere und andere leichte Gegenstände zu verwahren, die er der Aufmerksamkeit Anderer zu entziehen wünschte.

Beruhigter genoß er sein Mittagsmahl, und beinahe heiter suchte er den Arzt auf, bei dem er den Abend zubringen wollte, nachdem er das uns bekannte werthvolle Schachspiel, das er ihm als ein Andenken von dem Obersten übergeben sollte, in den wartenden

Wagen geschafft. Er konnte dorthin nicht allzu zeitig gehen und deßhalb hatte er erst alles Uebrige besorgen können.

Erst spät kehrte er von diesem Besuche heim, da der Arzt, obschon ihn seine Praxis bis spät in die Nacht vom Hause fern hielt, es sich nicht nehmen ließ, mit ihm zu soupiren und nach dem Souper noch einige Flaschen seines ältesten Malvoisier zu entkorken.

Als die Männer von der Tafel aufstanden, waren sie gewiß Beide der Meinung, Lord Clarendon habe keinen Mißgriff gethan, als er es sich im Tower als Gunst erbat, sich lieber in Malvoisier zu Tode zu trinken, als durch die Hand des Henkers zu sterben.

Der Arzt ließ nach beendetem Souper seinen Wagen vorfahren, und der Kutscher und der den Wagen begleitende Diener hatten Befehl, den Gast des Hauses bis in sein Zimmer zu geleiten, damit ihm kein Unglück geschehen könnte, wenn die Dienerschaft des Hotels schlaftrunken sein sollte.

Sie entledigten sich ihres Auftrages gewissenhaft. Rodenbach warf, als er eingetreten, schnell seine Oberkleider ab und suchte sein Lager; daß er bald einschlief, wird Niemand Wunder nehmen.

Plötzlich erwachte er, es schien ihm, als höre er Etwas in seiner Nähe knacken und knistern. Er richtete sich auf, er rieb sich die Augen, aber einestheils umgab ihn jetzt vollkommene Stille, anderntheils waren seine Begriffe noch so verworren, daß er beschloß, sich aller Sorgen zu entschlagen und im Traume Vergessenheit zu suchen.

Und wie leicht soll dies sein, wenn dem Bacchus geopfert worden ist, und ein junger, kräftiger Mann die letzte vergangene Nacht im Eisenbahnwagen zuge=bracht hat, statt im behaglichen Bett die nöthige Ruhe zu finden und den Körper zu kräftigen.

Am nächsten Morgen, als Rodenbach die Ereig=nisse der Nacht überdachte, entsann er sich jenes Ge=räusches wie eines Traumes, und erschrocken schaute er sich im Zimmer um, ob er Etwas vermisse.

Seine Koffer standen in tadelloser Ordnung, doch konnte er dasselbe nicht von seinen Kleidungsstücken sagen, sie lagen nicht auf deutschem, wohl aber auf englischem Boden, und sein feiner Hut, dem er in der Regel die sorglichste Aufmerksamkeit widmete, in einer Ecke, die fern von dem Sopha und dem Tische vor demselben war.

Jetzt entsann er sich; unter den verschiedenen Tönen, die in der Nacht bis zu seinem Ohre gedrun=gen, war auch das Geräusch eines hinkollernden Hutes gewesen.

Da er selbst ruhig in seinem Bett gelegen, und sein Hut eben so ruhig auf dem Tische gestanden hatte, so mußte irgend eine bewegende Kraft thätig gewesen sein, wenn nicht sein Tisch ein Werkzeug der Klopf= geister war, die ja bekanntlich größere Lasten fortbe= wegen, als einen feinen Hut.

Mit einem einzigen Satze war er aus dem Bette, mit einem zweiten am Tische, und nun ging es an ein Mustern und Suchen in den Taschen.

Portemonnaie, Notizbuch, Kartentäschchen und Cigarrenetui waren da, Handschuhe, Taschentuch und Schlüssel ebenfalls. Doch halt! Wo waren die Schlüssel zu dem Koffer, den Mr. Ehrlich verwahrte?

Sie waren nicht groß, ein kleiner Ring hielt sie zusammen. Wo waren sie? Hatte er das Camisol mit ausgezogen. Nein, aber er hatte die Schlüssel herausgenommen.

Es blieb keine Tasche undurchsucht, kein Winkel undurchforscht, sogar das Bett ward der genauesten Prüfung unterworfen. Alles vergebens, die Schlüssel fehlten, und da Rodenbach bestimmt wußte, daß er sie in seinem Kartentäschchen verwahrt und am gestrigen Abend noch gehabt hatte, so brachte er ihr Verschwinden mit jenem seltsamen Geräusch in Verbindung, und dieses mit Clyde.

„Wie gut, daß Du die Vorsicht gebraucht, Mr. Ehrlich Deine Schätze zu übergeben," murmelte er;

„wer die Schlüssel geholt, hat jedenfalls nach dem Koffer gesucht und gewußt, was er enthält."

Rasch zog er die Klingel, und als der Diener erschien, sagte er, sich hastig ankleidend:

„Fragen Sie doch Mr. Ehrlich, ob ich nicht das Vergnügen haben könnte, ihn sogleich zu sprechen. Entschuldigen Sie mich wegen der frühen Störung mit der Dringlichkeit der Angelegenheit, in der ich ihn zu sprechen wünschte."

„O, Mr. Ehrlich ist immer früh auf, Ihr Besuch wird ihn wahrscheinlich nicht stören."

Der Kellner entfernte sich, Rodenbach beendete eilig seine Toilette, und kaum war er fertig, so öffnete sich die Thür.

„Sie sind willkommen, Sir," meldete der Diener, als er eben in den letzten Rockärmel fuhr.

Rodenbach verschloß sein Zimmer und folgte ihm..

„Was ist geschehen?" fragte Mr. Ehrlich, ihm bis zur Schwelle entgegengehend. „Sie sind ja unge=mein erregt, wie ich sehe. Ich bedaure, daß Sie sich bemühen."

Rodenbach theilte ihm mit, was geschehen war.

Ehrlich zog die Stirn finster zusammen und fragte:

„Wissen Sie auch gewiß, Landsmann, daß Sie die Schlüssel nicht verloren haben?"

„Ganz gewiß weiß ich es. Ich verwahrte sie in meinem Kartentäschchen, und dieses in einem besonderen Verschluß meines Taschenbuchs, welches ich nicht wieder geöffnet habe, seit ich es hinein gethan."

„Folgen Sie mir, Sir," sagte Ehrlich und schritt ihm nach seinem Kassenzimmer voraus, mit zitternden Händen den Schrank öffnend, in welchem sich auch seine Werthgegenstände befanden.

Hier war Alles in bester Ordnung, und das Kästchen blinkte ihnen mit der Physiognomie ungestörten Friedens entgegen. Welche Beruhigung!

„Jetzt müssen wir aber sofort zu einem Schlosser schicken, ein Mal, damit er das Kästchen öffne und Sie sich von dem Vorhandensein aller Gegenstände überzeugen, und dann, damit er die Schlösser ändere und neue Schlüssel dazu mache; denn wenn die alten nur eine Stunde aus Ihren Händen gewesen sind, ist der Inhalt nicht sicher."

„Sie vergessen, daß es ganz eigenthümliche Schlösser sind."

„Ist der Koffer in London gefertigt?"

„Sir Burnside sagte so. Vor länger als dreißig Jahren."

„Wissen Sie die Firma?"

„Sie ist, glaube ich, auf dem Boden unter einem Messingplättchen, welches sich schieben läßt, markirt."

„Dann müssen wir dorthin schicken."

„Verwahren Sie den Koffer wieder. Ich werde den Meister selbst aufsuchen," bemerkte Rodenbach.

„Sie werden ihn nur finden, wenn er noch lebt. Bedenken Sie, in dreißig Jahren kann Mancher schlafen gehen, dem man das Leben wünscht."

„Na, ich werde wenigstens mein Heil versuchen."

„Ich wünsche Ihnen Glück und werde in Ihrer Abwesenheit einstweilen Nachforschungen anstellen, ob sich in letzter Nacht etwas Verdächtiges gezeigt."

Rodenbach sprang in den ersten Miethwagen, der ihn begegnete, und ließ sich zunächst nach der Wohnung des Arztes fahren, um da nachzufragen, ob er dort vielleicht die Schlüssel verloren hätte. Er wußte, daß dies vergebene Mühe sein würde, wie wir dies immer in solchen Fällen wissen. Er that es aber doch, wie um eine Pflicht zu erfüllen.

Als man ihm sagte, daß sich weder im Hause, noch im Wagen Schlüssel gefunden hätten, suchte er den Kofferhändler auf. Das Geschäft war in andere Hände übergegangen, die Schlosserarbeit besorgte aber noch derselbe Meister, und nachdem er auch diesen aufgefunden und mit in seinen Wagen geladen hatte, fuhr er nach dem Hotel.

Als er ankam, war das Frühstück längst vorüber, er erquickte sich blos durch eine Tasse Kaffee und stand dann neben dem arbeitenden Meister, der mit seinen Haken und Schlüsseln die Schlösser, deren Construction er kannte, doch nur mit Mühe öffnen konnte.

Endlich war es geschehen, und als Ehrlich und Rodenbach sahen, daß auch kein Blättchen fehlte, stießen sie ein Freudengeschrei aus, und Rodenbach sagte:

„Weßhalb tragen die Menschen nur solchen theuren Schmuck, dessen Verwahrung und Transport unnöthige Sorge macht und die Habsucht Derer weckt, die im Punkte der Ehrlichkeit nicht ganz sicher sind?"

„Lassen Sie diese Frage um Gotteswillen keine Dame hören," bemerkte Ehrlich lachend.

„Können Sie mir in kurzer Zeit das Haupt=schloß des Koffers ändern und neue Schlüssel dazu machen?" fragte Rodenbach den Meister.

„In kurzer Zeit kann dies nicht geschehen."

„Was soll ich da beginnen? Ich wollte noch heute abreisen. Das Dampfschiff wartet nicht."

„Nehmen Sie einen andern Koffer mit eben so guten Schlössern, und packen Sie diesen, wenn Sie noch sicherer gehen wollen, in einen Ihrer größeren. Den erbrochenen füllen Sie mit werthlosen Gegen=ständen und nehmen ihn scheinbar in Ihre besondere Obhut, damit Der, der jedenfalls von Ihrem Reich=thum unterrichtet ist, irre geleitet wird. Er wird sich

des Koffers, zu dem er die Schlüssel besitzt, zu bemäch=
tigen suchen, und Ihre Preciosen sind gerettet."

„Das ist ein guter Rath," bemerkte Mr. Ehrlich,
„und ich werde ihn noch durch den Zusatz vervollstän=
digen, daß ich Sie auf die Gefahr des Nachtreisens
aufmerksam mache. Reisen Sie statt heute Abend,
wie Sie beabsichtigten, morgen früh. Sobald der Zug
in Plymouth ankommt, werfen Sie sich in einen
Wagen, und wenn der Kutscher gut fährt, sind Sie
eine Stunde vor der Abfahrt des Dampfschiffs an
Bord.

„Mr. Burnside erwartet mich im Syndbath=Hotel."

„Dorthin können Sie allerdings nicht erst gehen.
Sie können ihn aber durch den Telegraphen benach=
richtigen, daß Sie aufgehalten worden sind, oder es
für gefährlich halten, die Nacht zu reisen."

Rodenbach verließ mit dem Schlossermeister das
Hotel, um den neuen Koffer zu kaufen. Er seufzte
über den Preis und steckte ihn in seine Reisetasche,
damit weder unterwegs, noch im Hotel Jemand von
dem Tausche unterrichtet sein möchte. Dann besorgte
er die Depesche und einige andere Geschäfte in der
Nähe und kehrte in das Hotel zurück. Dort wurden
die Schätze umquartiert und in Mr. Ehrlich's Ver=
wahrung gelassen, während der erste Koffer hinauf in
Rodenbach's Zimmer wanderte, wo Ehrlich, dem die

Geschichte sehr unangenehm war, besonders da Nie=
mand etwas Verdächtiges bemerkt, heimlich einen
Polizeimann versteckt hatte.

„Wenn Einer meiner Leute Verlangen nach Ihrem
Eigenthum getragen hat, erwischen wir den Dieb viel=
leicht. — Ist es aber ein ausgefeimter Gauner, so
kommt er nicht wieder hierher, und Sie müssen unter=
wegs auf Ihrer Hut sein, wenn man Ihnen auch da
eigentlich nicht so gut beikommen kann, wie es hier
geschehen könnte."

In dieser Nacht ward Rodenbach nicht wieder
belästigt. Der neue Koffer ward verstohlen in einen
größeren gepackt. Angesichts der ganzen Dienerschaft
ließ sich Rodenbach den kleinen des Schlüssels beraubten
von Mr. Ehrlich geben, und der kleine Butons ward
ausgeschickt, um einen Wagen zu holen, der ihn nach
dem Bahnhofe bringen sollte.

Der kleine Bursche, der Rodenbach als einen
freigebigen Herrn kannte, sprang fröhlich zum Thore
hinaus und schaute sich nach einem Wagen um.

„Höre, mein Bürschchen," sagte ein Mann zu
dem Knaben, „willst Du nicht dort hinein gehen und
für einen Schilling Gin holen, und Dich dabei um=
sehen, ob eine Frau in meinen Jahren mit einem
Rosahut und gelben Shawl über einem grünen Kleid

dort drinnen ist? Du könntest auch nach der schönen Sally fragen."

„Habe keine Zeit, muß für einen Gentleman einen Wagen holen. Er hat Eile."

„Das Geschäft kann ich einstweilen besorgen, während ich dort hinein nicht gehen mag."

Der Mann sah anständig aus. Butons musterte ihn und sagte lachend:

„Glaub's wohl, daß Ihr nicht dort hinein wollt. Also nach Miß Sally soll ich fragen?"

„Ja, und Du kannst den Gin trinken und das Geld, das Du wieder heraus bekommst, behalten."

„Und was soll ich Miß Sally sagen?"

„Gar Nichts, mein Sohn; ich wollte blos wissen, ob sie ein gewisser Jemand dort finden könnte." -

„Na, da holen Sie den Wagen."

Der Mann ging mit hastigen Schritten davon.

Als der kleine Butons zurückkehrte, kam auch von der andern Seite der Wagen. Er richtete an den Herrn, der ihn geholt, die Worte:

„Miß Sally war nicht da." Dann lief er, als er dem Kutscher gesagt, wo er halten sollte, in's Hotel, um ihn anzumelden, froh, einige Schillinge so leicht verdient zu haben.

Rodenbach stieg ein, seine Koffer wurden aufge=packt, und der Wagen fuhr ab.

Sechstes Kapitel.

Unser Reisender hatte sich die Physiognomie Lon=
dons nur so weit genau einprägen können, wie er sie
gesehen, und das war nur ein verhältnißmäßig kleiner
Theil dieser Riesin und ein sich in seinem Charakter
gleichender.

Wenn jetzt der Wagen durch Straßen flog, die
ihm unbekannt erschienen, und das Auge Menschen sah,
die ihm eigentlich gar keine Londoner, sondern englische
Kleinstädter zu sein schienen, so schob er dies dem Um=
stande zu, daß sie sich jetzt dem Bahnhofe näherten, der,
wie er wußte, nicht im Centrum der Stadt lag, die
jetzt durch Zweigbahnen alle derartige Institute ver=
bunden und sie hierdurch einander näher gerückt hat.
Endlich verlor sich das hohle Brausen, welches anfangs

schwächer und schwächer, wie das Athmen eines Ster=
benden, sein Ohr erreicht, vollständig, und das Geräusch,
welches ihn umgab, trug ein ganz anderes Gepräge.
Er hörte streitende Stimmen, theils in dem tiefen
Baffe auher Bierkehlen, theils in dem schneidenden
Discant kreischender Weiber, in welches Concert sich
zuweilen eine laute Kinderstimme mischte. Er steckte
den Kopf aus dem Fenster des Wagens, da der Kut=
scher noch immer wie toll fuhr, und das Londoner
Straßenleben der düstern und unheimlichen Gaffen,
die Maler und Schriftsteller dem Auslande schon so
oft vorgeführt, entwickelte hier seine üppigsten Blüthen.

Erschrocken zog er an der Verbindungsschnur mit
dem Kutscher. Dieser hielt an, kletterte aber nicht
herab, sondern rief blos auf die Frage seines Passa=
giers, wo sie sich befänden, zurück:

„Zum Teufel! Ich muß mich verfahren haben.
Na,“ setzte er beruhigend hinzu, „sind wir in dieses
Nest hereingekommen, müssen wir auch wieder hinaus=
zukommen suchen.“

Und ohne die Antwort seines Passagiers abzu=
warten, hieb er wieder auf das Pferd ein.

Ein Gefühl weit bestimmterer Besorgniß, als er
in der Nacht empfunden, wo er Geräusch in seinem
Zimmer hörte, bemächtigte sich seiner, und ward noch
durch den Umstand erhöht, daß es ihm schien, als habe

die Stimme seines Roßlenkers Aehnlichkeit mit der Clyde's gehabt. Er hätte ihn gern noch ein Mal angerufen, um sich Gewißheit zu verschaffen, dies war jedoch bei diesem tollen Fahren unmöglich. Vielleicht hätte er auch gar keine Antwort erhalten.

Jetzt ging's um eine Ecke, der Wagen prallte an und stürzte, da die Koffer sehr einseitig geladen waren, wie Rodenbach zu seinem Verdruß erst unterwegs gemerkt, mit furchtbarer Wucht gegen das Haus.

Rodenbach flog heraus und machte so energisch Bekanntschaft mit dem Prellsteine, der die Ecke hatte schützen sollen, daß ihn die Besinnung verließ.

Als er wieder zu sich kam, lag er auf einer Matratze in dem Laden eines Apothekers, in einer anderen und anständigeren Straße. Sein blutendes Haupt war verbunden, sein ausgerenkter Arm eingerenkt, und zwei Constabler standen an seiner Seite.

„Wo ist der Wagen? — Wo sind meine Koffer?" fragte er mit wirrem Blick, und Nacht sank wieder auf seinen Geist herab.

Niemand wußte das zu sagen. Der Kutscher, der schnell an die Aufrichtung des Wagens gegangen war und mit Hilfe der Anwesenden und Herbeistürzenden daran gearbeitet, den Wagen mit Stricken zusammen zu flicken, hatte gesagt, er wolle sogleich einen Arzt holen. Ehe er sich entfernt, war ein zweiter, glück-

7*

licher Weise leerer Wagen vorübergefahren, er hatte ihn angerufen und ihn gebeten, die Sachen aufzuladen, den Verwundeten mit hineinzunehmen und ihn dann wieder in das Hotel zu bringen, wo er ihn abgeholt.

Der Kutscher hatte die Sachen aufgeladen, sein Gefährte — der verletzte Kutscher — ergriff die Zügel und fuhr dahin, sobald er damit fertig war. Der neue Kutscher, scheinbar mit dem Verwundeten beschäftigt, ließ ihn erst einen Vorsprung gewinnen, dann erhob er sich plötzlich und lief ihm mit dem Rufe: „Zu Hilfe, Polizeimann! Zu Hilfe, zu Hilfe!" nach.

Die Anwesenden sahen sich erstaunt an, sie schienen nicht zu begreifen was vorgegangen. Da aber der Verwundete eine goldene Uhr besaß, deren Kette ihnen entgegenblitzte, Ringe an den Fingern blitzten, und die Aussicht auf eine wohlgefüllte Börse seiner Kleidung nach vorhanden war, so widmeten sie ihm ihre ganze Sorgfalt und überließen es der Polizei, dem Flüchtigen nachzusetzen, wenn sie überhaupt es der Mühe werth hielten, sich einzumischen, da es sich um weiter nichts handelte, als den Streit zweier Kutscher, die ja selbst handfest genug waren, um ihre Sache zu verfechten.

Sie eilten an die Seite des Verletzten, dem man so unnütze Dinge wie eine Uhr, eine Börse, den Trau=

und Siegelring in der kürzesten Zeit abgenommen, und
den man dann mitleidig in ein Haus getragen.

Erst durch seine Aeußerung gewann der Kutscher=
streit für die Polizei Bedeutung. Sie hätten ihn
gern genauer befragt, aber einestheils lagen ja Stun=
den zwischen dem Augenblicke der Beraubung und dem
gegenwärtigen; dann wußten sie nicht, ob sie bei sei=
nem Zustande auf die Richtigkeit seiner Aussage bauen
konnten.

Demnach hielten sie es für klug, den Mann auf
die nächste Station zu bringen und fernere Instruc=
tionen einzuholen. Ein herbeigerufener Arzt erklärte,
daß der Fremde in ein Hospital geschafft werden müsse,
da eine heftige Gehirnerschütterung eine Krankheit her=
vorgerufen hätte, die sich leicht auf die Dauer von
Monaten ausdehnen könnte.

Er ward in's nächste Krankenhaus geschafft.

Der Ausspruch des Arztes erwies sich als richtig.
Eine vollständige Gehirnentzündung hatte sich ausge=
bildet. Der Faden, der Vergangenheit und Gegen=
wart zusammenhielt, schien zerrissen, und es war ein
Glück für den ohnedies Unglücklichen, daß der Ober=
arzt bei der Untersuchung, ob die edleren Theile der
Brust nicht verletzt wären, Rodenbach's Schatz ent=
deckte, der Verwaltungscommission überlieferte und ihm,
da er hierdurch seine Zahlungsfähigkeit nachwies, die

beste Pflege angedeihen ließ. Sein Taschenbuch, und
somit der Ausweis über seine Person war auch noch
vorhanden, doch nützte ihm dies hier weniger, da er
in dem Register der Anstalt nur eine Nummer war,
die ausgelöscht ward, sobald er sich auf's Neue in den
Strom des Lebens stürzte, oder sein Name ungenannt
verhallte, wenn er hier seinen letzten Seufzer aus=
hauchte, und die grüne Rasendecke sich über seinem
Hügel wölbte.

Es liegt etwas Trostloses in jeder Einsamkeit.
In einer großen Stadt tritt sie uns noch schneidender
entgegen, sowohl im Privatleben, wie in den öffentli=
chen Anstalten. Was auch die Humanität für den
Fremden thun mag, immer wird er es und wir mit
ihm empfinden, daß er fern von der Heimath, und fern
von den liebenden Herzen ist, die in größter Opfer=
freudigkeit gern den letzten Blutstropfen für den Ver=
lassenen hingeben würden.

O, wenn Walpurg, die so gern Trost und Hilfe
in die ärmste Hütte trug, gewußt hätte, daß Der, der
ihrem Herzen immer noch so unendlich theuer war,
hier, seines klaren Denkvermögens beraubt, einsam
unter Miethlingen auf seinem Schmerzenslager ruhte,
und unter wildem Stöhnen das Haar ausraufte, das
so wirr und grausenerregend um seine Schläfe, um
seine eingesunkene Wange hing, wie würde sie sich be=

trübt haben, daß sie fern war! Wenn sich die Hände ballten, oder sich krampfhaft an die schmerzende Brust drückten und keine bekannte sanfte, tröstende Stimme sich hören ließ, sondern nur die rauhe des Wärters in befehlendem Tone zur Ruhe ermahnte, dann tritt uns das Loos des Verbannten erst in seiner ganzen Schwere entgegen.

Wir klagen, wenn uns das Schicksal die Erfül=lung unserer liebsten Wünsche versagt, wir trauern um Das, was wir verloren; sollten wir nicht vielmehr uns fester an Das anschließen, was uns geblieben, und im Hinblick auf eine mögliche, sogar vielleicht nahe be=vorstehende Trennung, mild und nachsichtig in Bezug auf die Fehler blicken, die wir für Balken halten, die uns, unserer Meinung nach, noch zerdrücken werden, und die wir dann, wenn das gewichtige Wort: Tren=nung ausgesprochen worden ist, gern als von der Per=son unzertrennlich wieder mit zurückrufen möchten?

Cölestine hatte in Gedanken oft mit dem Worte Trennung gespielt. Sie war fern und mit dem Lei=ben ihres Gatten unbekannt. Hätte sie Jemand hier=her geführt, so würde sie sich gewiß nicht geweigert haben, den Sitz an seinem Lager einzunehmen, der nur selten besetzt war, da der Wärter, durch Gewohnheit abgestumpft, keine wärmere Theilnahme für ihn empfand, wie für jeden andern Kranken, obschon man ihn gut

bezahlte. Unterhaltung mit den Uebrigen, Kartenspiel
oder ein angebotener Trunk hielten ihn fern.

Die Zeit schlich träge dahin, Besuch der Aerzte,
regelmäßiges Einnehmen der Arznei, Annehmen oder
Zurückweisen von Nahrung, Stillliegen und Toben,
Unbewußtes Lachen oder Stöhnen waren die einzigen
Abwechselungen in dem Krankenzimmer, in dessen Hin=
tergrunde sich im besten Falle der Wärter zuweilen mit
einem andern, der aus dem Nebenzimmer hereinschlich,
entweder durch Flüstern oder Kartenspiel unterhielt,
oder dem er auch zuweilen einen Besuch abstattete.

Wenn es besser werden würde, war jenem Manne
ganz gleichgiltig, sein Tagelohn ward bezahlt, seine
Thätigkeit blieb dieselbe, mochte er nun diesem oder je=
nem Herrn dienen, mochten sie sterben oder genesen.
Selbst die Schlimmen fürchtete er nicht, denn er war
daran gewöhnt, selbst aus eigensinnigen Kranken bald
folgsame Lämmer zu machen; seine Erfahrung unter=
stützte ihn hierbei eben so, wie seine Kraft die Gesetze
des Hauses und das Vertrauen der Aerzte in seine
Tüchtigkeit.

Allmählich hatte die kräftige Natur Rodenbach's
die Störungen in seinem Organismus überwältigt,
sein Schlaf ward ruhiger, der Appetit stellte sich ein
und er begann, seine verworrenen Erinnerungen zu
sammeln und zu ordnen. Da ihm der Wärter seine

Fragen nie beantwortet und alle Mal seine Rede barsch abgeschnitten hatte, fragte er nicht mehr, sondern las mühsam die einzelnen Bruchstücke selbst zusammen, bis die ganze Vergangenheit wieder klar und faßlich vor ihm lag. Mit dieser Klarheit kam jedoch keine Freudigkeit, sondern das Bewußtsein seines Elends. Er war nicht blos aller seiner Habe beraubt, auch Dessen, was ihm anvertraut worden. Er sah keine Möglichkeit, dem Obersten jemals Ersatz leisten zu können, ja er wußte nicht ein Mal, ob der Oberst nicht gar dem Verdachte Raum gegeben haben könnte, er sei nicht der Beraubte, sondern der Räuber, der die Beute in Sicherheit gebracht.

Diese Gedanken kamen nicht plötzlich, sondern brachen langsam hervor wie eine züngelnde Schlange. Erst nachdem er Eins an das Andere gereiht, ward es ihm klar.

Er sprang aus dem Bette, er rannte auf und ab, der Wärter trat erschrocken ein und behauptete, er habe einen Rückfall. Einer der Unterärzte wurde gerufen, und ihm theilte der Unglückliche auch sofort mit, was ihn beunruhigte, und bat ihn um die Erlaubniß, sofort an Sir Burnside zu schreiben und der Polizei seine Anzeige machen zu dürfen.

Der Unterarzt wollte die Verantwortlichkeit nicht auf sich nehmen, er erhielt keine Schreibmaterialien und mußte sich bis zum nächsten Morgen gedulden, wo der Oberarzt seinen Umgang hielt.

Es waren nur wenige Stunden noch am Tage und nur eine einzige Nacht, allein die Stunden unter solchen Folterqualen verbracht, dehnen sich bis in's Endlose, und diese Qualen konnten leicht im Stande sein, sein klares Denken wieder zu verwirren.

Sie vergingen aber doch. Der Morgen dämmerte, die Stunden schlichen hin, und der Arzt trat mit gefurchter Stirn in's Zimmer und sagte fast heftig:

„Sie sind sehr unruhig gewesen, haben keine meiner Vorschriften befolgt, wie mir der Wärter sagte. Wollen Sie das schon vollendete Werk der Genesung mit Gewalt zerstören?"

„O, wenn Sie an meiner Stelle wären, würden Sie sicher auch nicht ruhig sein, Herr Professor."

„Wenn ich wüßte, daß Aufregung meiner Gesundheit schadete, gewiß. Bin ich doch kein Kind."

„Hören Sie, was mir begegnet ist." Er erzählte.

Der Professor ward sehr bleich während Rodenbach ihm den Vorfall mittheilte, und sagte nach kurzem Nachdenken, das Auge fest auf ihn gerichtet:

„Sie sind sehr zu beklagen. Mit der verlorenen Zeit haben Sie auch die Hoffnung verloren, das geraubte Gut herbeischaffen zu können, oder den Dieb zu entdecken. Er hat es längst in Sicherheit gebracht."

„Sie sehen also die Nothwendigkeit ein, daß ich schreiben muß, selbst wenn die Hand noch zu schwach wäre, um die Feder zu halten. Längeres Zaudern schadet mir mehr, als das Vollbringen des mühsamen Werkes."

„Schreiben Sie, ich selbst will den Brief mit einer Bestätigung Ihrer Aussage versehen und ab= senden."

„Mit einer Bestätigung? Glauben auch Sie denn, daß Oberst Burnside oder überhaupt ein Mensch an der Wahrheit meiner Angaben zweifeln wird? Ich glaubte, dies sei nur ein Spuk meines kranken Hirns."

„Jedenfalls kennt Sie der Oberst länger und besser, als ich. Sein Vertrauen zu Ihnen ist vielleicht durch Nichts zu erschüttern, dennoch —— — —"

„Ersparen Sie mir die furchtbare Wirkung dieses Nachsatzes," unterbrach ihn Robenbach. „Geben Sie mir Papier und Feder und thun Sie im Uebrigen, was Ihnen die Pflicht als rechtschaffener und humaner Mann gebietet. Denn so fest und sicher jetzt auch der Boden unter meinen Füßen zu sein scheint, so können doch Verhältnisse eintreten, die ihn eben so gut zum Wanken bringen wie den, auf welchem ich einst stand."

Noch an diesem Abend ging ein Brief ab, der an Cölestine adressirt war, und die Bitte enthielt, sie möge dem Obersten mittheilen, was geschehen sei, und ihn er=

suchen, seinen ganzen Einfluß zur Ermittlung des Die=
bes und Wiedererlangung seines Eigenthums aufzu=
bieten. „Was mich betrifft," schloß er, „so werde ich alle
Kräfte daran setzen. Aber leider sind sie nur schwach,
da ich, durch meine Krankheit von allen Mitteln ent=
blößt, zunächst daran denken muß, mich vor dem Ver=
hungern zu schützen."

Der Brief war abgesendet. — Wenn auch Ro=
denbach den ihn niederdrückenden Gedanken gehegt, der
Oberst habe im Zorn über den Verlust, den er ihm
bereitet, seine Gattin im fremden Lande von sich ge=
stoßen, und sie irre hilflos umher, so war doch der der
vorherschende: „Ihr wird er es nicht entgelten lassen,
und sie ist wenigstens geborgen. Ja sie ist wohl gar
erfreut, daß es so gekommen ist, denn mein Unglück
entbindet sie ihrer Pflichten gegen mich."

Als Rodenbach entlassen werden konnte, suchte
er das uns bekannte Hotel von Ehrlich und Redlich
auf. Dorthin sollte auch die Antwort gesendet wer=
den, die er auf seinen Brief aus Indien erwartete.

Der Portier sah ihn fast scheu an, und er wußte
nicht, ob dieses Staunen seinem veränderten Aussehen,
seinem mangelnden Gepäck oder dem Umstande galt,
daß er glaubte, er sei schon aus Indien zurückgekehrt.

„Kann ich Mr. Ehrlich sogleich sprechen?" fragte
er halb zornig, halb ungeduldig.

„Mr. Ehrlich wollen Sie sprechen? Wissen Sie denn nicht, daß Mr. Ehrlich gestorben ist?"

„Mr. Ehrlich ist todt? O, mein Gott, er war ja gesund und kräftig!"

„Mr. Ehrlich hatte sich erhitzt und bald darauf er= kältet. Eine Lungenentzündung war die Folge. Sie tödtete ihn."

„Ach, es ist gleichgiltig an was er starb. Wo befindet sich seine Familie? Melden Sie mich."

„Mistreß Ehrlich ist gestern mit ihren beiden Kin= dern nach Deutschland zurückgekehrt. Mr. Redlich, der das Hotel auf alleinige Rechnung übernommen, hat ihr eine anständige Summe herausgezahlt."

Ein Seufzer folgte der glücklichen Frau, die nach Deutschland hatte zurückkehren dürfen, dann sagte Ro= denbach, sich zur Rückkehr in die Gegenwart zwingend, „Dann melden Sie Mr. Redlich, daß ich ihn sprechen möchte."

Der Portier zog 'eine Glocke, ein Diener erschien und erhielt den Auftrag, ihn zu melden.

Rodenbach's Herz klopfte heftig.

Als er zum zweiten Male in dem Hotel wohnte, war Redlich abwesend gewesen und es war die Frage, ob er ihm die Stütze bieten konnte, auf die er in sei= nem Compagnon gerechnet, ob er sich überhaupt mit einer Sache befassen wollte, die ihm nur Lauferei und

Unbequemlichkeiten eintragen mußte, ohne ihn direct
zu berühren. Wäre der Diebstahl in seinem Hause
begangen worden, so wäre es für ihn eine Ehrensache
gewesen, dem Diebe nachzuspüren.

Der Diener kehrte mit dem Bescheide zurück, daß
Mr. Redlich ihn erwartete.

Er folgte ihm, und die Wirkung seiner Mittheilung war eine noch niederschlagendere, als er erwartet.

Redlich behauptete, es sei geradezu unmöglich,
daß die Schlüsstl in seinem Hause gestohlen worden
seien, er wußte oder wollte Nichts davon wissen, daß
Ehrlich seine Kostbarkeiten verwahrt, und weigerte sich
geradezu, seine Anklage durch sein Zeugniß zu unterstützen, oder ihn in seinem Hause aufzunehmen.

Rodenbach würde entmuthigt zusammengebrochen
sein, wenn ihn seine Entrüstung nicht aufrecht erhalten
hätte. Er wendete dem edlen Landsmann den Rücken
und eilte, den jungen Schlossermeister aufzusuchen, der
ihm den Rath gegeben, den neuen Koffer zu verstecken,
denn der alte Herr, welcher dem Geschäft noch vor-
stand, hatte ihm seinen Soh~ mitgegeben.

Er hatte die Werkstatt bald erreicht, der Meister
stand nicht wie damals in derselben, und auf sein Befragen erfuhr er von dem Gesellen, daß der junge Meister an jenem Morgen, wo er beraubt worden war —

er hatte sich das Datum zu genau eingeprägt — von einem Manne aufgefordert worden sei, ihm zu folgen, wenn er ein gutes Geschäft machen wollte. Der Mann hatte wie ein herrschaftlicher Diener ausgesehen.

Er beeilte sich, ließ sein Frühstück im Stiche und — kehrte nicht zurück, obschon seine Familie Nichts unterließ, um ihren Nachforschungen den nöthigen Nachdruck zu geben. Auch von dem Diener hörten sie nicht wieder, der ihn geholt, so sehr sie sich auch bemüht, seine Spur aufzufinden.

„Ist der Meister verheirathet?" fragte Rodenbach, und seine Gedanken nahmen eine andere Richtung.

„Nein, Sir, der junge Meister hatte das Geschäft des Vaters noch nicht übernommen."

„Der Vater hat doch die Hilfe der Polizei in Anspruch genommen?" fragte Rodenbach.

„Ja wohl, doch ohne Erfolg, auch ist kein Verbrechen begangen worden, welches man mit dem Verschwinden des Meisters hätte in Verbindung bringen können, auch von keinem Unglücksfall haben wir gehört, der mit unserm F... Aehnlichkeit hätte."

Jetzt suchte Rodenbach einen Polizeiagenten auf, von dessen Gewandtheit und Klugheit er hatte sprechen hören. Das Verschwinden des Meisters war jeden=

falls wichtiger, als seine Leute glaubten, und es gab
Augenblicke, in denen er ihn für den Dieb hielt.

Der Beamte hörte ihn mit der größten Aufmerk=
samkeit an, fragte nach anscheinend unbedeutenden Klei=
nigkeiten, machte sich Notizen und sagte dann:

„Zunächst werde ich zu dem Juwelier gehen und
anfragen, ob er erfahren hat, daß der Baronet jenen
Brief wirklich geschrieben, und ob der Schmuck bezahlt
ist."

Rodenbach wartete, und als der Beamte zurück=
kehrte, sagte er sichtbar erfreut und befriedigt:

„Der Schmuck ist durch den Banquier des Ba=
ronets bezahlt worden, sobald er die Anweisung vor=
legte, der Brief aber, der die Auslieferung desselben an
Oberst Burnside befahl, ist gefälscht. Sir Pembroke
hat nie daran gedacht, seinen Jugendfreund mit diesem
Auftrage zu belästigen."

„Dann gewinnt meine Vermuthung, daß Clyde
der Schreiber des Briefes und der Dieb ist, mehr Bo=
den."

„Es ist dies ein großes Glück für Sie, wenn ich
auch nicht behaupten will, daß es unsere Aufgabe er=
leichtert. Jedenfalls haben wir es mit einem sehr ver=
schmitzten Schurken zu thun, und da Sie, wie Sie sagen,

völlig mittellos sind, so rathe ich Ihnen, die Sache vor der Hand fallen zu lassen."

„Ich soll eine Angelegenheit fallen lassen, die, wenn ich schweige, meiner Ehre einen unauslöschlichen Flecken aufdrückt und mir meine Lebenstage verbittert?"

„Sie können weiter Nichts thun und müssen froh sein, daß Oberst Burnside noch nicht darauf angetragen hat, Sie zu verhaften."

Rodenbach fuhr zusammen. Vielleicht hatte er es gethan, und nur seine Krankheit hatte ihn geschützt.

Der Polizeiagent fuhr fort:

„Sie haben auch durchaus keine Bürgschaft, daß es nicht noch geschieht. Indien ist weit. Die Ausfertigung des Verhaftsbefehls kann verzögert worden sein. Wenn Sie daher einen Rath von mir annehmen wollen, so verlassen Sie wenigstens London."

„Sind Sie vielleicht, während Sie mich hier in Ihrer Wohnung bewachen ließen, statt bei dem Juwelier, bei Mr. Redlich gewesen?"

Der Polizeimann gab keine Antwort, und Rodenbach fuhr aufgeregt fort:

„Und hat Ihnen Dieser vielleicht die Ordre gegeben, mich zu entfernen, damit die Geschichte nicht bekannt wird und der gute Ruf seines Hauses dadurch leidet?"

„Sie könnten es Mr. Redlich nicht verdenken,
wenn er so handelte, er kennt die Welt und die hiesi=
gen Verhältnisse. Folgen Sie seinem Rathe, und wenn
Sie in Geldverlegenheit sind und deßhalb nicht fort
können, so wird er Ihnen aushelfen."

„Wenn ich London verlasse, wird Niemand meine
Sache führen, und der Verdacht bleibt auf mir sitzen."

„Sie irren; wenn Sie gehen, schläft der Verdacht
der Diebe ein, sie bringen die Gegenstände, die sie bis=
her versteckt gehalten, vielleicht zum Vorschein, und ich
ertappe sie, während ich andern Geschichten nachspüre,
ohne daß Sie nöthig haben, mich dafür zu bezahlen."

„Und wohin rathen Sie mir zu gehen?"

„Zunächst suchen Sie Sir Pembrooke auf, um
ihn nochmals wegen dieses Briefes zu befragen. Es
kann sein, Sie werden nicht angenommen, aber Sie
sind dann doch im Hause und können in der Diener=
stube, in den Gasthöfen oder sonst wo Erkundigungen
nach jenem Clyde einziehen. Theilen Sie mir Alles
mit, was Sie hören, das Geringste ist oft für uns von
der größten Wichtigkeit, denn nur aus winzigen Glie=
dern können wir die Kette zusammensetzen, die den Ver=
brecher umschlingen soll."

„Und wer soll Sie für Ihre Mühe belohnen,
wenn es mir nicht gelingt, lohnende Arbeit zu finden?"

„Wir haben so gut unsern Ehrgeiz, wie der Schau=
spieler, der, um eine ihm zugedachte ausgezeichnete Rolle
gut durchzuführen, keine Mühe scheut."

„Uebrigens würde Sir Burnsibe gewiß auch er=
kenntlich sein, wenn er sein Eigenthum zurückerhielte,"
setzte Rodenbach langsam hinzu.

„Sagten Sie nicht, dieser Clyde sei ein Schotte?"

„Der Oberst erzählte es mir."

„Dann ist es auch wahrscheinlich, daß er in seine
Heimath zurückgegangen ist. Doch warten Sie bis
Morgen, dann will ich Ihnen sagen, ob er in den
Dienst einer neuen Herrschaft eingetreten ist. — Clyde
ist sein wahrer Name, nicht wahr?"

„Ich glaube es, der Oberst nannte ihn so, und
er kannte ihn länger."

„Gut, gut."

„Können Sie mir vielleicht ein billiges Unter=
kommen für die Nacht verschaffen?"

„O ja, hier ist die Adresse einer achtbaren Witwe,
die möblirte Zimmer vermiethet. Sie wird Sie viel=
leicht auch auf die kurze Zeit Ihres Aufenthalts auf=
nehmen, und es ist gut, wenn Sie ihre Bekanntschaft
machen, denn an sie müssen Sie alle für mich bestimm=
ten Nachrichten abgehen lassen."

„Ich soll nicht an Sie direct schreiben?"

„Wenn ich Ihnen nützen soll, dürfen unsere Geg=
ner nicht ahnen, daß wir mit einander in Verbindung
stehen. Sie schreiben einfach an die Dame selbst und
erzählen ihr, was Sie erlebt, in der harmlosesten Weise,
ohne zu verrathen, daß Dies oder Jenes für mich von
Wichtigkeit sein könnte. Ich erhalte die Briefe."

Rodenbach versprach es und ging, nachdem er
einige Mal die Straßen gekreuzt und die Häuser wie
suchend betrachtet, in das ihm bezeichnete Haus.

Sobald er der alten freundlichen Frau die kleine
Karte überreicht, die er erhalten, führte sie ihn in ein
niedliches Hinterzimmer mit einem reinlichen Bett und
theilte ihm mit, daß er so lange bei ihr wohnen könne,
als er es wünsche, und wenn er mit ihrer einfachen
Kost zufrieden sei, auch bei ihr speisen könne.

Er erklärte sich damit zufrieden und theilte ihr
mit, daß er beraubt worden sei und lange auf dem
Schmerzenslager gelegen habe, ja sogar noch jetzt hef=
tige Brustschmerzen habe und an Athmungsbeschwerden
leide, weil jedenfalls die Lunge beschädigt worden.

Die kluge Dame verstand, daß er sich nach Ruhe
sehnte, sie brachte ihm deßhalb sein einfaches Mahl,
und er suchte zeitig sein Lager.

Als sie ihm am nächsten Morgen sein Frühstück
brachte, lag auf der Platte ein kleiner mit Bleistift be=
schriebener Zettel folgenden Inhalts:

„Unser Mann befindet sich in keinem dienst= lichen Verhältniß, scheint auch London verlassen zu zu haben. Er wird heimgekehrt sein."

Den dritten Tag, nachdem Rodenbach das Spital verlassen, befand er sich auf der Reise nach Sir Pem= brooke's Landsitz, Pembrooke=Castell.

———————

Siebentes Kapitel.

––––

Im Synbbath=Hotel zu Plymouth wartete Oberst Burnside vergebens auf die Ankunft Rodenbach's. Statt seiner kam die telegraphische Depesche, die ihn von der Verzögerung unterrichtete, und der Oberst war dadurch wenigstens insoweit beruhigt, daß er immer an Bord des Schiffes gehen konnte, und weil er die Gewißheit hatte, daß ihm sein Agent dorthin folgen würde, richtete er sich sogleich für die Reise ein.

Cölestine dagegen befand sich in großer Auf=regung. Wenn er sich nochmals verspätigte, wenn der Zug aufgehalten ward, oder sonst ein Zufall seine An=kunft verzögerte oder wohl gar verhinderte, und das Postdampfschiff, auf die Minute angewiesen, abfuhr, wie unangenehm war dies! In welche schiefe Stel=lung war sie da gerathen! Oder wenn diesem Allem eine Absicht zum Grunde lag! Wenn er sich von ihr zu trennen wünschte, da sie in der letzten Zeit ohne alle Rücksicht auf ihn gehandelt!

Sie sah in diesem letzten Umstande eben kein Unglück, da ihr Herz nicht darunter litt, und pecuniäre Interessen eher gefördert wurden, wenn er sich bei dieser Gelegenheit zurückzog. Es war ihr aber doch empfindlich, daß der erste Schritt von Robenbach ausgehen und ausgeführt werden sollte, ohne daß er den geringsten Schmerz verrieth. Sollte sie ihm so vollständig gleichgiltig sein?

Sie schlief in dieser Nacht sehr unruhig, und als sie sich nun endlich doch an Bord begeben mußten, ohne Robenbach mitnehmen zu können, stand sie unter dem Einfluß der schlechtesten Laune.

Der Oberst neckte sie deßhalb und fragte, ob sie vielleicht auch umkehren wolle. Sie ward dadurch gereizt und suchte die Damencajüte auf, nachdem sie erklärt, sie werde sich nicht etwa einfallen lassen, um eines Mannes willen, der sie vernachlässige, sich einer Undankbarkeit gegen den Mann schuldig zu machen, der sich so großmüthig gegen sie gezeigt.

Eben als das Schiff durch sein heftigeres Stampfen verrieth, daß die Maschine zu arbeiten beginne und es bald dahinbrausen würde, wie ein entfesseltes Ungethüm, kam ein kleines Boot auf dasselbe losgesteuert, in welchem ein einzelner Mann saß, der aller-

Hand Zeichen machte, daß er das Schiff noch zu er=
reichen wünschte.

Cölestine hatte ihren Platz an dem Fenster der
Cajüte so gewählt, daß sie die Stadtseite zu beobachten
im Stande war. Jenes Boot konnte also ihrer Auf=
merksamkeit nicht entgehen, und sobald sie sich über=
zeugt, daß durch Winken mit dem Tuche ein Mann
in demselben um Aufnahme bat, eilte sie auf's Ver=
deck und rief dem Obersten zu, der auf der andern
Seite stand:

„Er kommt, er kommt, verzeihen Sie ihm die
Verzögerung!"

Mittlerweile versuchte das Boot anzulegen. Man
ließ ein Tau hinab und mit demselben einen Matrosen,
der erst den Mann, dann das Gepäck heraufschaffte.
Bald war Alles auf Deck, und die kleine Nußschale
beeilte sich, aus dem Fahrwasser zu kommen, dessen
Wellenschlag ihm gefährlich war.

Cölestine war bis zur Brüstung vorgetreten, um
ihrem Gatten sogleich die Hand entgegenzustrecken, denn
sie empfand wirklich eine gewisse Freude, daß er noch
gekommen. Man sah sie schwanken und riß sie zurück,
doch jetzt, wo er sichern Boden unter den Füßen hatte,
machte sie eine nochmalige Bewegung vorwärts.] Allein
sie stieß, als sie gewahrte, daß sie sich getäuscht, einen
lauten Schrei aus.

Der Oberſt, der auf ſeinem Platze geblieben war und jedenfalls erwartete, daß Rodenbach zu ihm kom=men ſollte, wendete den Kopf und rief:

„Clyde! Mein Junge, biſt Du noch gekommen?“

„Ja, in dem Vertrauen, Herr Oberſt, daß Sie mich in Ihre Dienſte nehmen würden.“

„Haſt Du Mr. Rodenbach geſprochen?“

„Wenn der Herr, den ich in Ihrem Hauſe ge=ſehen und der mir ſpäter im Eiſenbahnwagen ſagte, daß ich vielleicht bei Ihnen ein Unterkommen fände, Rodenbach heißt, ſo muß ich Ihre Frage, gnädiger Herr, bejahen.“

Cöleſtine betrachtete den Mann, den ſie in Burn=ſide-Abtey weiter nicht beachtet, in dem Augenblicke, wo er ſie einer grauſamen Täuſchung entriß, mit einem Zucken in ihrem Geſicht, den durchdringenden Blick feſt auf ihn gerichtet. Er ſenkte ſein Auge vor den ihrigen, eine tiefe Bläſſe bedeckte einen Augenblick ſein Geſicht, doch bald lag das Auge wieder kalt und ruhig in ſeinen tiefen Höhlen, und die Farbe kehrte zurück, als gehorche das Blut dem Willen des mäch=tigeren Geiſtes.

Cöleſtine hatte ein ihr ſelbſt unerklärliches Miß=trauen gegen Clyde gefaßt, ſie folgte ihm zum Ober=ſten, und als der Letztere die Frage ſtellte: „Haſt Du Mr. Rodenbach ſpäter nicht geſprochen?“ bohrte ſich ihr Auge faſt in ſeine Seele, um ſeine Antwort nach ihrem Willen zu regeln.

Clyde ſah nicht zu ihr hin, aber er fühlte ihren Blick, eine gewiſſe Unruhe flog über ſeine Züge, und ſeine Stimme klang gepreßt, als er: „Nein, Herr Oberſt" ſagte.

Cöleſtinens Mißtrauen ward verſtärkt, ſie be= ſchloß, ihn zu beobachten, ſich aber zugleich zu bemühen, ruhig und unbefangen zu ſcheinen, ja ſogar ſich ihm freundlich zu zeigen.

„Später haſt Du Mr. Rodenbach nicht wieder geſehen?" fragte der Oberſt mit einem Ausdruck von Sorge in ſeinem ernſten Geſicht jetzt zum zweiten Male.

Cöleſtinens Augen glühten wie zwei feurige Koh= len und waren noch immer auf Clyde gerichtet.

Clyde ſchien froh zu ſein, daß er den Oberſten anſehen mußte. Er war hierdurch der Nothwendigkeit entgangen, dieſen Augen zu begegnen, und entgegnete dreiſt:

„Nein, Herr Oberſt, ich habe ihn nicht wieder geſehen."

Cöleſtine war überzeugt, daß er log, ſie ſtellte ſich dicht vor ihn hin, ſo daß er ſie anſehen mußte, und rief:

„Wie, Ihr habt meinen Gatten geſehen?"

Clyde kam aus der Faſſung, er bedurfte eines

Augenblickes, um sich zu sammeln, und sagte dann etwas kleinlaut:

„Entschuldigen Sie, Madame, Sie haben mich mißverstanden, ich habe Mr. Rodenbach nicht gesehen."

Cölestine gab keine Antwort, und der Oberst fragte:

„Du kommst direct von London?"

„Ja wohl, Herr Oberst, ich wollte dort dem Herrn, der mich zu engagiren wünschte, sagen, daß ich es vor= zöge, mit Ihnen nach Indien zu gehen. Ich wußte aber nicht, wo ich ihn finden sollte."

„Wie steht es denn mit Deinen Angelegenheiten dort? Werden Dir die Fakirs nicht an den Kragen gehen, da Du, wie ich gehört, Händel mit ihnen ge= habt hast?"

„Keine Sorge, Herr Oberst, ich werde mich schon zu vertheidigen wissen, das schwöre ich Ihnen."

„Weßhalb gingst Du da nach England, wenn Du keine Furcht hegst und mit jenem Gesindel fertig werden willst?"

„Weil ich die Dinge jetzt anders betrachte, als damals, wo ich mit einer Art Sehnsucht an England dachte."

„Wie so? Hast Du jetzt Deine Ansicht geändert?"

„Ich finde, daß es besser in Indien ist, selbst

wenn das Leben bedroht ist, als in England, wo man durch die Langweile bald erstickt wird."

"Meinst Du, mein Junge?" rief der Oberst schmunzelnd. "Nun sieh', ich bin derselben Meinung, deßhalb gehe auch ich zurück."

"Muß ich mich beim Stewart melden, Herr Oberst?"

"Das ist nicht nöthig, ich habe für Mr. Roden= bach die Ueberfahrt bezahlt, man wußte, daß ich ihn erwartete, und diesem Umstande allein verdankst Du Deine Aufnahme. Du wurdest so bereitwillig herauf= geholt, weil man Dich für den Erwarteten hielt. Wir wollen, um Weitläufigkeiten zu ersparen, sie bei diesem Glauben lassen. Du wirst an seiner Statt verpflegt werden und kannst Herbert, meinen Kammer= diener, aufsuchen, er wird Dich unterbringen und Deine Sachen dazu."

Clyde machte die Verbeugung eines alten Mili= tairs und entfernte sich respektvoll.

Der Oberst rieb sich vergnügt die Hände und bemerkte, als er fort war:

"Ich bin Mr. Rodenbach sehr dankbar, daß er mir zu dieser schätzenswerthen Acquisition verholfen hat, und ich bedauere ihn, daß er nun die Reise allein mit dem nächsten Dampfer wird machen müssen."

„Sie glauben, daß er mit dem nächsten Schiffe kommen wird?" fragte Cölestine.

„Glauben Sie das nicht?" fragte der Oberst dagegen.

„Seit jener Clyde das Verdeck betreten, hat mich eine beinahe unerträgliche Angst gepackt."

Der Oberst lachte und fragte:

„Was fürchten Sie denn von meinem armen Clyde?"

„Ich fürchte Nichts, ich empfinde vielmehr ein Gefühl, als sei Mr. Rodenbach durch ihn ein Leid geschehen."

Der Oberst sah sie betroffen an, sagte aber nach kurzem Zögern in sorglosem Tone:

„Wir werden kaum in Calcutta an's Land gegangen sein, so wird entweder Mr. Rodenbach oder eine sichere Nachricht von ihm da sein; bis dahin müssen wir uns freilich in Geduld fassen; denn wir sind schon eine ziemliche Strecke vom Landungsplatze entfernt."

„Soll ich Ihnen die Lectionen in der deutschen Sprache geben, die Sie gewohnt sind, durch meinen Gatten zu erhalten, und die auf dem Schiffe fortgesetzt werden sollten, wie Sie ihm sagten."

„Sie wissen, daß ich nur deutsch lernen wollte, um Ihre Classiker zu verstehen, die Sie und Roden=

bach fast höher stellen, wie unsere Dichter. Haben
Sie die Bücher bei der Hand, so können wir das
Studium fortsetzen."

„Ich habe sie so gepackt, daß ich sogleich dazu
kann."

„Nun, dann können wir ja morgen beginnen."

„Heute bedürfen Sie also meiner nicht mehr?"

„Nein, ich danke Ihnen. Machen Sie sich im
Damensalon heimisch."

Cölestine begab sich nach dem Salon und machte
bald die Bekanntschaft einer jungen Dame, die eben=
falls nach Calcutta reis'te und ihr unter den wenigen
Damen, die sich auf dem Schiffe befanden, am Meisten
zusagte.

Es war die Gattin eines Artillerie=Officiers,
der jetzt nach England gekommen war, um sie abzu=
holen, da er nicht, wie er erwartet, nach England
zurückgerufen worden war. Er gehörte keiner der
Adelsfamilien an, und auch die junge Frau war die
Tochter eines Kaufmanns. Sie waren anständige, ge=
bildete Leute und hielten es doch auch nicht unter ihrer
Würde, Cölestinen freundlich zu begegnen, besonders
nachdem sie ihnen vertraut, in welcher sonderbaren
Lage sie sich befand.

Cölestine stellte ihre neue Freundin dem Obersten
vor, er zeigte sich artig gegen die Dame, und diese

konnte nicht umhin, ihn ihrem Gatten vorzustellen, der ein vielseitig gebildeter Mann war, und da er, ob= schon Engländer, eine genaue Kenntniß der indischen Zustände verrieth, dem Obersten als Gesellschafter ganz willkommen war.

Der Verkehr ward jedoch bald durch die See= krankheit unterbrochen, der die junge Frau, die noch niemals das Meer gesehen, in höherem, Cölestine, die die Fahrt nach England mitgemacht, in geringerem Grade unterworfen war. Trotzdem war die junge Frau, wie Cölestine meinte, im Vortheil, sie hatte nicht blos ihr Mädchen zur Bedienung, sondern auch ihren Gatten als Tröster, während sie, die ohne weib= liche Bedienung hatte abreisen müssen, sich auf das Personal des Schiffes verlassen mußte. Sie dachte beständig an Rodenbach und rief sich die Worte in's Gedächtniß zurück, die er vor ihrer Trennung ausge= sprochen hatte. Sie enthielten Wahrheit, dies sah sie jetzt nach so kurzer Zeit schon ein.

Wir wollen ihr nicht auf der Reise folgen, auf der ein Tag dem andern glich, sondern lieber Zutritt in Calcutta in dem Hause des Obersten suchen, in dem sich Cölestine heimisch zu machen strebte, sobald sie seine Räumlichkeiten und seine prächtige Einrich= tung näher in's Auge gefaßt, um zu ermitteln, wie der nöthige Comfort herzustellen war.

Sie war eben damit beschäftigt, im Zimmer des Obersten allerlei Gegenstände auszupacken, die in Kisten verwahrt aus einem Speicher geholt worden waren, der einem mit dem Obersten befreundeten Kaufmann, wohl gar Geschäftscompagnon gehörte. Das Werk ging nur langsam von Statten, denn jedes Stück war ein größeres oder kleineres Kunstwerk, das Cölestine zu betrachten wünschte, und der Oberst mußte ein fleißiger Sammler sein, da er dies Alles erworben, aber auch ein reicher Mann, daß er es anschaffen konnte. Cöle= stine seufzte, ihre früheren Träume wurden wieder lebhafter.

Jetzt kamen Bilder an die Reihe, und das erste, welches sie in die Hand nahm, war ein lieblicher Mäd= chenkopf von edlem Schnitt und anmuthigem Ausdruck.

Sie hielt das Bild vor sich und flüsterte:

„Das muß die herrliche Arabella, die viel be= trauerte Tochter des Obersten sein, eine gewisse Aehn= lichkeit ist nicht zu verkennen, wenn auch der Grund= ton ihres Wesens ein anderer ist, als der des Obersten."

Sie wußte nicht, ob sie klug handeln würde, wenn sie das Bild so aufhing, daß es dem Obersten bei seiner Heimkehr sogleich in's Auge fiel, und deß= halb legte sie es wieder in die Kiste in seine Baum= wollenhülle.

Jetzt rauschte die Portiere, sie sah sich um und erblickte Clyde, der mit dem Auftrag ausgeschickt worden war, eine Köchin oder einen Koch zu schaffen, und jetzt zurückkehrte, um ihr Bescheid zu bringen. Er war ohne alles Geräusch in's Haus geschlüpft und stand jetzt vor ihr.

Ehe er noch Zeit gehabt, ihr zu sagen, was er ausgerichtet, bückte sie sich zur Kiste, nahm das Bild heraus und fragte, Clyde das Bild plötzlich entgegenhaltend:

„Lebt diese Dame noch?"

Clyde sah sie mit einem Ausdruck unverholener Bestürzung an und stotterte:

„Ich weiß es nicht, ich weiß — ich kenne sie nicht."

„Ich glaubte, Sie wären schon früher im Hause des Obersten bekannt gewesen."

„Ja, allerdings war ich zuweilen da."

„Nun, ich that die Frage aus keinem andern Grunde, als um zu wissen, ob ich das Bild im Zimmer des Obersten aufhängen dürfte, ohne ihm Schmerz zu bereiten."

„Ich würde an Ihrer Stelle überhaupt die Bilder alle unangetastet lassen, bis der Herr Oberst selbst zurückkehrt."

„Ich werde Ihrem Rathe folgen. Er soll ihnen selbst ihre Plätze anweisen.“

Clyde ließ die Portiere so rasch niederfallen, daß sie die Hast, mit der er sich entweder ihren Blicken zu entziehen, oder ihren Antworten auszuweichen wünschte, nicht verkennen konnte und auch hier irgend Etwas vermuthete, was für Clyde nicht angenehm sein konnte. Da sie aber längst die Ueberzeugung gewonnen, daß er ein viel zu gewandter und schlauer Sünder sei, um sich vor ihr oder einem andern vollkommen ehrlichen und harmlosen Menschen zu compromittiren, so be= schloß sie, alle jene kleinen Züge blos ihrem Gedächt= niß fest einzuprägen, aber nicht weiter darüber zu spre= chen, bis sie ihn fassen könnte.

Sie verließ daher das Zimmer, ging nach der Dienerstube und fragte, freundlich sich zu Clyde wendend:

„Haben Sie einen Arzt für den armen Herbert gefunden? Ich hatte vergessen zu fragen.“

„Der Regimentsarzt wird herkommen. Der Herr Oberst befahl keinen indischen Arzt, sondern einen Landsmann zu holen.“

Der Kammerdiener Herbert, der eine entschiedene Abneigung gegen Clyde an den Tag gelegt, hatte sich während der ganzen Reise so unwohl befunden, daß Clyde den Dienst bei'm Obersten beinahe immer allein versehen hatte. Doch hoffte man auf Besserung, so=

bald er am Lande leben könnte. Diese Hoffnung war eine vergebene gewesen, denn Herbert befand sich jetzt, wo er das Schiff längst hinter sich hatte, noch schlech=ter, und der Oberst sandte sogleich nach einem Arzte und bedauerte aufrichtig, daß er es gewesen, der den armen Kerl zur Reise angeregt und Verhältnissen ent=rissen hatte, die ihm jedenfalls besser zugesagt hätten.

Der Arzt kam, beobachtete den Kranken und trat auf Cölestinens Wunsch mit in ihr Zimmer. Er er=klärte, daß Herbert verloren sei und wahrscheinlich auch nicht lange mehr leiden würde, als sie ihn über seinen Zustand befragte.

„Für so gefährlich hatte ich seine Krankheit nicht gehalten," entgegnete Cölestine mit tiefem Mitgefühl.

„Der Verlauf der Krankheiten ist hier im Allge=meinen ein viel kürzerer, als in England, klimatische Einflüsse bringen den Keim schneller zur Reife."

„Die Tochter des Herrn Obersten ist wohl auch sehr schnell gestorben, wie ich hörte," fuhr sie fort. „Den Obersten selbst wollte ich nicht danach fragen, weil ihn die Erinnerung an sie alle Mal aufregt und erschüttert."

„Ja, unter den hier anwesenden Engländern geht die Sage, sie sei durch einen Blumenstrauß, den ihr der Diener eines befreundeten Hauses angeblich von seiner Herrin brachte, vergiftet worden."

9*

„Ist es möglich? Durch Blumen soll sie vergiftet worden sein?"

„Gewiß ist, daß sie nach kurzem Unwohlsein starb."

„War der Mann, der ihr die Blumen brachte, vielleicht der Diener von der Tochter des Baronet Sir Pembrooke?" fragte Cölestine leise. „Ich hörte davon, daß sie befreundet wären."

„So sagt man, doch kann ich es nicht verbürgen, denn ich kenne den Mann nicht. Die Dame behauptet, ihr keine Blumen gesendet zu haben."

„Und der Oberst ist hiervon nicht unterrichtet?"

„Ich glaube es nicht; was hätte es auch nützen können, wenn man es ihm gesagt? Da sie ein Mal todt war, konnte er sie ja doch nicht retten, es hätte nur seinen Schmerz erhöht."

Der Arzt entfernte sich, und Cölestine beschloß, schon in den nächsten Tagen Kate aufzusuchen und der Sache weiter nachzuforschen. Wenn sie nur erst eine kleine Handhabe für den Angriff gewann, so hoffte sie schon zum Ziele zu kommen.

Der Oberst kehrte in einem Miethwagen zurück, da er Wagen und Pferde noch nicht angeschafft hatte, und sagte, als er in sein Zimmer trat, in dem sich Cölestine wieder beschäftigte, beinahe heftig:

„Was sich doch hier in der kurzen Zeit meiner

Abwesenheit verändert hat! Man wird täglich um seine Freuden ärmer."

Cölestine sah auf, und er fuhr fort:

"Kate Pembrooke ist nicht mehr hier; ihr Gatte ist mit einem höheren Grad nach Delhi versetzt, ich konnte ihr also nicht mittheilen, wie es mir mit ihren Juwelen ergangen ist, und ihr Ersatz bieten, ehe sie von England die Nachricht erhält, daß sie das kostbare Geschenk zu erwarten habe."

Cölestine fühlte einen Stich und fragte hastig:

"Haben Sie englische Zeitungen erhalten? Ich will sogleich nachsehen, ob irgend ein Unglücksfall, der mitgetheilt ist, mit dem Verschwinden meines Gatten in Verbindung zu bringen ist; denn da Sie weder einen Brief hier vorgefunden, noch heute einen solchen erhalten haben, ist sicher Rodenbach ein Unglück ge= schehen."

Clyde trat eben in das Zimmer und brachte alle die englischen Zeitungen, die der Oberst gewöhnt war zu lesen, von dem Tage ihrer Einschiffung an. Er hatte daran zu tragen, es war dies ein ordentlicher Ballen.

Als sich Clyde wieder entfernt hatte, fragte der Oberst sichtlich beunruhigt:

"Sie glauben also bestimmt, daß nur ein Unglück

Mr. Rodenbach abgehalten haben kann, das anver=
traute Gut abzuliefern?"

„Was glauben Sie, Sir Burnside, daß es sonst
sein könnte? — Wagen Sie die Ehre eines redlichen
Mannes durch die Behauptung anzutasten, er habe
Ihr Vertrauen gemißbraucht und sei mit dem Schatze
auf= und davongegangen?"

„Das anvertraute Gut war von ungeheurem
Werth, und, Mistreß Rodenbach," sagte er ernst, „wir
haben Beispiele." —

„Herr Oberst, wenn ich ein Mann wäre, würde
ich Sie zwingen, diese Beleidigung durch Blut abzu=
waschen. Als schwaches Weib bleibt mir nichts Anderes
übrig, als Ihr Haus sofort zu verlassen."

„Mrs. Rodenbach! Cölestine! Was soll ich von
Ihnen denken? Ich habe Sie stets als meine Freundin
betrachtet und deßhalb keinen Anstand genommen, Sie
in meinen Gedanken lesen zu lassen."

„Sie haben mich so tief verletzt, daß ich Ihren
Anblick nicht mehr ertragen kann. Lassen Sie mich
also gehen."

„Es wäre nicht blos unehrenhaft von mir, wenn
ich Sie gehen ließe, sondern auch unklug von Ihnen,
wenn Sie auf Ihrem Kopfe beharrten. — Was soll=
ten Sie in einem Lande beginnen, das Ihnen bis in
die kleinsten Details hinab fremd entgegentritt, dessen

Sitten, deſſen Sprache ſie nicht ein Mal kennen, und
deſſen Beſchäftigungen ſo weit von denen der Euro=
päer abweichen."

„Das Alles kann hier nicht in Frage kommen,
ich muß Ihr Haus verlaſſen; denn wenn Ihnen der
beinahe zwölfmonatliche Umgang mit Rodenbach, ſein
muſterhaftes Verhalten in Ihrer Krankheit nicht ein
Mal die Ueberzeugung ſeiner Redlichkeit beibringen
konnte, was habe ich da von Ihnen zu erwarten, die
ich leichtfertig und unüberlegt gehandelt habe, ſo lange
wir bei Ihnen ſind?"

„Bleiben Sie und hören Sie mich. Ich kann
durchaus nicht ſagen, daß mein Vertrauen zu Mr.
Rodenbach wirklich gewankt, wenn man mir auch
allenthalben ſagt, daß ſein räthſelhaftes Benehmen
nur auf dem einen Wege zu erklären iſt. Es liegt
durchaus nicht in meiner Abſicht, Schritte gegen ihn
zu thun, die ihn compromittiren könnten. Ich fragte
nur ſo nebenbei bei Ihnen an, und da ich glauben
konnte, daß Ihr Urtheil nicht durch Leidenſchaft irre
geleitet würde, ſo ſollte Ihr Ausſpruch die Urtheile
Anderer entweder beſtätigen, oder gründlich widerlegen,
und am Wenigſten hätte ich geglaubt, Sie zu verletzen
oder zu beleidigen."

„Was Sie auch gedacht haben mögen, jedenfalls
haben Sie mich vom falſchen Wege auf den richtigen

gelenkt, und ich werde es Ihnen danken, statt Ihnen
zu zürnen, bitte Sie aber im Scheiden, keinerlei
Schritte gegen Rodenbach zu thun, der Ihnen vielleicht
eher, als Sie denken, entweder Ihr Eigenthum zurück=
bringt, oder vollen Ersatz leistet.“

„Ich wünsche es um Ihrer und um Mr. Roden=
bach's willen. In Bezug auf mich betrachtete ich sein
Ausbleiben keineswegs als ein Unglück, sondern mehr
wie einen recht ärgerlichen Fall. Weit tiefer würde
es mich berühren, wenn Sie in einer Anwandlung ge=
kränkten Stolzes mein Haus verlassen wollten, und
wenn es Ihnen traurig erginge, aus Eigensinn auf
Dem beharrten, was Sie beschlossen.“

„Sie sprechen nicht die Wahrheit, mein Herr
Oberst,“ rief Cölestine lebhaft; „eben so wenig wie ich
Ihnen in's Gesicht schauen kann, ohne den Stachel
alle Mal auf's Neue zu fühlen, eben so lebhaft werden
Sie durch meinen Anblick an Ihren Verlust erinnert
werden. Und wenn Sie auch reich genug sind, um
den pecuniären Schaden ersetzen zu können, ohne in
Verlegenheit zu gerathen, so würde doch Ihr Glaube
an die Menschen vollends untergraben werden, dafern
ein Unglück, oder wohl auch ein Verbrechen den sichern
Schritt meines Gatten gehemmt.“

„Es ist möglich, daß die Harmonie unseres Zu=
sammenlebens durch eine Aeußerung, wie die meinige,

auf kurze Zeit gestört worden ist. Es mag sein, daß
es Ihnen vor der Hand in meinem Hause nicht be=
haglich ist. — Fügen Sie sich in das Unvermeidliche;
es ist immer noch besser für Sie, als außerhalb dieser
schützenden Mauern, wo Sie die Wogen des Verkehrs
in diesem Lande so verschlingen werden, sobald Sie
zerquetscht, blutig gestoßen und zertreten worden sind."

„Was mich da draußen auch erwartet, es ist
immer besser, als die Schmach geduldig hinzunehmen,
die Sie mir zugefügt. Der stolze Engländer ließ den
verachteten Deutschen die ganze Wucht seiner Gering=
schätzung fühlen, und wenn ich auch zugestehen muß,
daß ich durch mein Verhalten den Schlag verdient, so
empört es mich tief, daß er für meinen Gatten be=
stimmt war, der die Redlichkeit und Dankbarkeit selbst
ist, und vielleicht in dem Kampfe um Ihr Eigenthum
sein Leben hingab."

„Ueberlassen wir die Lösung dieses Räthsels der
Zukunft. Jetzt handelt es sich darum, den so unprak=
tischen Entschluß, mein Haus zu verlassen, zu bekäm=
pfen. Nur wenn wir zusammenbleiben, ist die Mög=
lichkeit vorhanden, erfolgreich für Ihren Gatten zu
wirken. Sie haben mir die Erklärung gegeben, daß
Mr. Rodenbach mein Eigenthum mit seinem Leben
vertheidigen wird. Das genügt."

„Und Sie verlangen, daß ich hier im Wohlleben schwelgen soll, während mein Gatte" — —

„Die Schwelgerei wird nicht allzu groß sein," unterbrach sie der Oberst. „Um einen alten Mann, den der Kummer oft bitter heimsucht, schaart sich Jugend und Lebenslust nicht. Ich mag aber auch den Verkehr mit der Welt nicht, und wenn Sie bei mir bleiben und mich erheitern wollen, wie bisher, so mögen jene Schätze denn in Gottes Namen verloren sein."

„Herr Oberst, ist dies Ihre wahre Meinung?"

„Sie ist es bei meiner Ehre."

„Dann will ich wenigstens vor der Hand noch bei Ihnen bleiben. Vielleicht erhalten wir bald Nach=richt."

„Und wenn Sie auf der Absicht beharren, mich zu verlassen, wenn nicht Nachrichten eingehen, so gehen Sie wenigstens wieder nach England zurück. Ich selbst werde dann das Schiff für Sie auswählen und Sie dem Capitain übergeben."

„Welche Güte, so für mich sorgen zu wollen!"

„Es ist dies nur die Erfüllung einer Pflicht gegen Mr. Rodenbach, der Sie ja sofort aus den Augen verlieren würde, dafern Sie sich meiner Fürsorge ent=

zögen, eben so wie Sie nur durch mich Nachrichten über ihn erlangen können, die von Erfolg gekrönt sind."

„Sie wollen also Etwas in der Sache thun?"

„Ja wohl, denn wenn dies nicht meine Absicht gewesen, würde ich Ihnen nicht jene Frage gethan haben."

„Und was haben Sie beschlossen?"

„Zunächst will ich an meinem Banquier schreiben und anfragen, ob Mr. Rodenbach bei ihm gewesen ist und der Geschäftsabschluß stattgefunden hat. Erst nachdem ich seine Antwort in den Händen habe, können weitere Schritte geschehen.

„Darf ich mir eine Gunst erbitten?"

Der Oberst verneigte sich zur Zustimmung.

Cölestine trat dicht an ihn heran und flüsterte leise:

„Lassen Sie den Brief nicht durch Clyde's Hände gehen."

Der Oberst lächelte und entgegnete:

„Sie sind beharrlich in Ihren Vorurtheilen, doch es sei, da selbst übertriebene Vorsicht keinen Schaden anrichten kann."

„Darf ich Ihnen den Traum der ersten Nacht in
diesem Hause erzählen, nachdem ich Ihnen mitgetheilt,
daß bei uns in Deutschland der Glaube allgemein ist,
daß der Traum einer ersten Nacht in einer neuen Woh=
nung Wahrheit enthält?"

Der Oberst lächelte halb mitleibig, halb spöttisch,
aber Cölestine begann:

„Ich sah Rodenbach in dem Zimmer, welches wir
in London gemeinsam bewohnten, nachdem Ihre Ope=
ration vollendet war, am Fenster stehen. Clyde trat
mit einem prächtigen Blumenbouquet herein und reichte
es ihm, er griff danach, um sich an dem Dufte zu er=
quicken, doch ich entriß es ihm und schleuderte es auf
die Erde, weil eine wahre Todesangst mir die Brust
zusammenschnürte, als ich seine Bewegung sah.

„Da schwebte eine edle Frauengestalt herein; es
war ein schönes junges Mädchen, ich habe ihren Kopf
später wieder und zwar in Ihrem Zimmer gesehen,
und die bleichen Lippen flüsterten:

„„Laßt die Blumen, sie sind vergiftet, wie die
waren, die mir jener Mann brachte, und die mich
tödteten. Er hat auch ihn getödtet.""

„Sie deutete mit der Hand auf Clyde, der bei
ihrem Anblick aschenbleich ward. Rodenbach erhob den
Strauß, roch daran und sank um, ehe ich ihn unter=
stützen, ehe ich es hindern konnte."

„Schweigen Sie, Cölestine!" rief der Oberst mit rollenden Augen. „Träumen Sie niemals wieder so gräßliche Dinge, und wenn es geschieht, so schweigen Sie darüber, denn es giebt hier eine Volksklasse, welche die Vergiftungen handwerksmäßig betreibt."

Achtes Kapitel.

Es waren Monate vergangen, seit Cölestine dem Obersten ihren Traum erzählt hatte. Keines von Beiden erwähnte diesen Traum wieder, allein Beide wußten, daß er den andern Theil noch beschäftige, und ihre Stimmung sowohl wie ihr Verhalten gegen einander war vollständig verändert. Wir können diese Veränderung vielleicht auch den vorausgegangenen Erklärungen zuschreiben.

Cölestine war in ein mehr töchterliches Verhältniß zu dem Obersten getreten, sie schien sich die Aufgabe gestellt zu haben, die finstern Geister zu bannen, die ihn jetzt häufiger als je heimsuchten. Sie strebte dahin, ihn zu erfreuen und zu beglücken, ohne für sich selbst Wünsche oder Hoffnungen an den Erfolg zu knüpfen. An die Stelle ihrer früheren Coquetterie

war Einfachheit, ja man könte sogar behaupten, De=
muth getreten. Ihr stolzes, herausforderndes Wesen
war unter dem Hauche des Leidens dahingeschmolzen,
und was sie an strotzender Frische des Geistes verlo=
ren, schien sie an Gemüth und Herz gewonnen zu
haben; denn wie hätte sich wohl die Cölestine von früher
von der ganzen Welt abschließen und entweder auf die
Räume des Hauses, oder den dasselbe umgebenden Gar=
ten beschränken können, nachdem sie den gewöhnlichen
Spaziergang oder die Ausfahrt mit dem Obersten be=
endet hatte? Ganz besonders, da ihre eigenen Ge=
danken gewiß ihre lästigste Gesellschaft gewesen sein
würden, wenn sie sich nicht für verbunden erachtet hätte,
den Vorwürfen ihres Gewissens redlich Stand zu hal=
ten und sie als das erste Stadium ihrer Besserung zu
beobachten.

Cölestine hatte gewünscht, die Fessel, welche sie an
Edmund kettete, zu lösen; nicht weil sie die Ueber=
zeugung gewonnen, daß er ihrer unwerth sei, nicht
weil er seinem darbenden Weibe, seinem hungernden
Kinde kein Brot schaffte, sondern lediglich deßhalb, weil
er zwischen ihr und einem Leben voller Genüsse stand.
Jetzt machte sie sich hierüber Vorwürfe. Vielleicht hätte
sich Edmund tapferer gegen einen Angriff gewehrt,
dachte sie, wenn andere Gedanken seine Seele beherrscht,
als die waren, denen er bei'm Scheiden Worte geliehen.

Ja es wäre möglich, daß das wahrscheinliche Unglück wohl gar vermieden worden wäre, wenn sie ihn begleitet hätte, wie er es andeutete. Und wenn sie ihn nicht von Anfang an in die Verbannung getrieben, so wäre ja überhaupt Alles vermieden worden, und er lebte in der Heimath in gewohnten Verhältnissen.

Solche und ähnliche Gedanken beschäftigten Cölestinen fortwährend, und je mehr sie ihnen Spielraum ließ, desto strenger faßten sie das eigene Benehmen auf. Von dem Augenblicke an, wo sie ihn seiner angebeteten Walpurg entrissen, ohne das Geringste zu thun, um ihn glücklich zu machen und ihn für das Verlorene zu entschädigen, bis zur Stunde der Trennung war kein Lichtblick in diesem Gemälde des Egoismus, der Selbstsucht und der Lieblosigkeit. Sie hatte ihn als Spielball ihrer Launen benutzt und gewüthet, wie das gemeinste Weib, sobald sein Mannesstolz nur versuchte, sich gegen solche Thrannei aufzulehnen, die den Mann eben so entwürdigt, wie das Weib.

Jetzt blutete ihr Herz, denn jetzt besaß sie nicht mehr die Macht, zu sühnen, was sie verbrochen, und ihn für Das, was er gelitten, zu entschädigen. Da er bis jetzt noch kein Lebenszeichen von sich gegeben, so hatte sie keine Hoffnung und erhielt wahrscheinlich niemals wieder eine Zeile von ihm. Diese Gedanken waren sehr entmuthigend, und unter ihrem Einflusse änderte sich ihre Gemüthsart.

Sie sehnte sich unbeschreiblich nach der Heimath, nach ihren Eltern und nach ihrem Kinde. Welch' ein Trost wäre die kleine Leonie jetzt für sie gewesen! Aber durfte sie auf dieses Glück hoffen, durfte sie es begehren? sie, die damals, wo Edmund mit ihr über das Kind sprechen wollte, kaum einen flüchtigen Gedanken für dasselbe hatte? Doch was auch das heiße Herz ersehnte, sie mußte es ohne Klage missen, da sie es selbst so frevelhaft von sich geworfen. Ja, sie durfte nicht ein Mal von der Stelle, an die sie, wie Prometheus an den Felsen, durch die Worte des Obersten, daß sie ihm unentbehrlich sei, geschmiedet war.

Der arme Herbert hatte den Ausspruch des Arztes, daß seine Leiden nur von kurzer Dauer sein würden, Lügen gestraft, er hatte noch lange und furchtbar gelitten, und Cölestine hatte es nach jenem Gespräch mit dem Arzte für eine heilige Pflicht gehalten, ihn zu pflegen. Hierdurch kam sie auch mit Clyde in nähere Berührung, und es gelang ihr, ihm Beweise von Wohlwollen und Ergebenheit für sich abzulocken und sein anfangs so aufgeregtes Wesen zu beschwichtigen. Hierdurch schwand aber keineswegs das Mißtrauen, welches sie beherrschte, es gewann im Gegentheil immer mehr Gestalt und Form, und wie sie recht wohl fühlte, ward

auch der Oberſt jetzt von gleichen Gefühlen gegen ſei=
nen Diener beherrſcht. Dennoch entließ er ihn nicht.
Er mochte ſeine Gründe haben, weshalb er ihn duldete.

Dazu kam noch, daß die Aerzte nach einer Section
Herbert's, die der Oberſt ausdrücklich verlangte, die
Erklärung abgaben, er ſei an Gift, und zwar an einem
nur in Indien heimiſchen Gifte geſtorben. Natürlich
konnten ſie nicht behaupten, wo und wann er es be=
kommen, ob auf dem Schiffe oder hier, und in welcher
Form er es erhalten, da ſie nur Symptome der Vergif=
tung, aber keine Spuren davon im Magen und in den
Eingeweiden fanden. Der Verdacht lag jedoch nahe, daß
Clyde es ihm gereicht, und zwar durch die Pfeife, denn
ſie hatten ihre Hukahs zuſammen geraucht. Wenn auch
der Oberſt ſeine Motive nicht ergründen konnte, denn
daß er es blos gethan, um den braven Herbert aus
ſeiner Stellung zu drängen, ließ ſich nicht annehmen,
ſo vermochte er doch nicht, ſeinen Argwohn zu be=
ſchwichtigen.

Bei ſeinem ſo geraden und ehrlichen Charakter
war ihm nach dieſer neueſten Erfahrung jener Diener
jetzt ſo verhaßt, daß er ihn gern mit ſeinen Hundert
in die entlegenſten Winkel des Reichs gehetzt hätte. Da
er ſich aber nicht verhehlen konnte, daß er niemals klar
in allen dieſen Wirren ſehen würde, ſobald er ihn aus
den Händen ließ, ſo bezwang er ſich, hielt den Aus=

spruch der Aerzte geheim und zeigte sich gegen Clyde
so freundlich, als er es vermochte.

Schon mehrere Male hatte er, da er Erkundigun=
gen eingezogen und erfahren hatte, daß Clyde kurz vor
dem Tode Arabella's im Zimmer Kate's gewesen,
bei'm Ankleiden das Gespräch auf seine verstorbene
Tochter gebracht und dabei Clyde, der jetzt Kammerdie=
nerdienste verrichtete, scharf durch den gegenüberhän=
genden Spiegel in's Auge gefaßt. Clyde ward alle
Mal unruhig, und da sich der Oberst hiervon über=
zeugt, spannte er ihn oft auf diese moralische Folter,
scheinbar ganz unbefangen, that allerhand Kreuz=
und Querfragen, theils über Kate's Verhältnisse, theils
über die Sir Pembrooke's.

„Kannst Du mir nicht sagen, Clyde, wie das kommt,
daß ich mein Kind gar nicht vergessen kann," sagte eines
Tages der Oberst weicher als gewöhnlich, „und daß die
Erinnerung an mein Kind weit lebhafter ist, seit ich
wieder aus England zurückgekehrt und in den alten
Räumen meines Hauses bin?"

„Ich kann dem Herrn Obersten keinen Bescheid
geben, denn ich bin nur ein armer schlichter Mann,"
antwortete Clyde ausweichend.

„Du hast wohl niemals eine Person verloren,
die Du sehr lieb gehabt hast, Clyde?"

10*

„Nein, Herr Oberſt, außer wie ich noch ganz jung war, meine Eltern, die ich ſpäter dann bald vergaß.“

„Ja, dann verſtehſt Du mich freilich nicht, Clyde, aber Miſtreß Rodenbach verſteht mich, denn ſie betrauert ihren Mann vielleicht eben ſo tief, wie ich mein Weib und meinen Knaben, der ſchon früher ſtarb, aber vor Allem mein letztes Kind.“

„Aber Mr. Rodenbach iſt doch nicht todt.“

„Glaubſt Du, daß Mr. Rodenbach lebt?“

„Weßhalb ſollte er todt ſein?“ fragte Clyde verlegen.

„Weil er kein Lebenszeichen von ſich giebt; oder ſollte er geſchrieben haben, und der Brief iſt verloren gegangen, wie das zuweilen geſchieht?“

Der Oberſt wendete mit einer raſchen Bewegung den Kopf, erhob ſich und ſtand plötzlich vor Clyde, als wollte er ihm auf den Grund der Seele ſchauen.

Clyde war leichenblaß geworden und eilte, Naſenbluten vorſchützend, aus dem Zimmer, ehe ſein Werk bei'm Ankleiden beendet war.

Schon ſeit längerer Zeit hatte er nicht mehr, wie er es früher gethan, behauptet, Rodenbach ſchreibe nicht, weil er den Schmuck und das Geld des Oberſten für ſich in Sicherheit gebracht. Cöleſtine hatte ihn hierüber zur Rede geſetzt und ihm geſagt, daß er ſchlecht handle, wenn er einen solchen Verdacht aussprächе. Vielleicht hatte er auch einen Theil seiner Sicherheit verloren.

Cölestine hatte sich während des Gesprächs bei der Toilette im Garten aufgehalten und stand von einem Gebüsch verdeckt, so daß sie einen Einblick in das Dienerzimmer hatte. Wie viel Mal hatte sie hier gestanden, sowohl bei Tage wie in der Nacht, um Clyde zu belauschen, hoffend, er werde irgend Etwas thun, das ihn compromittiren oder ihr Aufklärungen verschaffen könnte. Ihre Mühe war immer vergebens gewesen, denn er war sehr vorsichtig. Dieses Mißlingen konnte jedoch ihre Ausdauer nicht erschüttern, und wenn es möglich war, befand sie sich dann immer auf ihrem Posten, wenn er aus dem Ankleidezimmer des Obersten kam, denn dann war er gewöhnlich sehr aufgeregt, und wenn sie weiter Nichts entdeckte, sah sie doch, daß er es war.

Sie wäre ihrem Ziele jedenfalls näher gekommen, wenn sie den Obersten hätte fragen dürfen, was er mit Clyde gesprochen. Wie sie ihn kannte, wäre dies jedoch ein großer Mißgriff gewesen, da er ja hätte eingestehen müssen, daß er ihren Argwohn theile und mit ihr Einem Ziele zustrebe.

Als heute Clyde in das Zimmer trat, in welchem die Sonne jeden Winkel blendend erhellte, sah Cöle-

stine, wie er sich den Schweiß von der Stirn wischte
und dann nach einigen unruhigen Gängen durch's Zim=
mer leise und vorsichtig das Futter seines Rockes auf=
zutrennen begann. Doch schnell sich besinnend zog er
bald nach dem Beginn der Arbeit den Vorhang vor,
der sowohl das Eindringen der Sonne, wie die Insek=
ten abhalten sollte.

Einen Augenblick war sie nahe daran, vorzusprin=
gen und ihn durch einen Schrei der Wuth und Ver=
zweiflung an's Fenster zu locken. Sie beherrschte sich
jedoch und ging langsamen Schrittes in's Haus. Etwas
hatte sie ja doch schon gewonnen.

Der Oberst trat aus seinem Zimmer und winkte
ihr, einzutreten. Er schien ihr eine Mittheilung machen
zu wollen.

Sie legte den Finger auf den Mund, machte
eine bedeutsame Geberde nach Clyde's Zimmer und
zog die Glocke an der Thür des Ankleidezimmers, um
ihren Diener rasch herbeizurufen.

Clyde trat nach einigen Augenblicken aus seinem
Raume und fragte, immer noch unruhig und mit ab=
gewendeten Blicken:

„Was befehlen der Herr Oberst?"

„Erstens bin ich noch nicht vollständig angeklei=
det, und dann fehlen die Zeitungen. Hörst Du? Ich
sehe die neuesten Zeitungen nicht."

Clyde verneigte sich und hielt das Tuch an die Nase.

„Sind Briefe für mich angekommen?" setzte er nach einer Pause hinzu.

„Nein, Herr Oberst, blos Zeitungen."

„Gut, mein Junge. Bringe sie, ich will sie schnell durchfliegen. Später wollen wir ausreiten."

„Zu Befehl, Herr Oberst, Dick mag einstweilen die Pferde holen."

Cölestine hatte den Rock genau in's Auge gefaßt, den Clyde trug, es war nicht sein Haus=, sondern sein Ausgeherock, in dem er, ihrer Ansicht nach, Etwas verborgen hatte. Sie konnte also auch nicht hoffen, Etwas zu entdecken, wenn er fortgeschickt ward, und als sie jetzt der Oberst erwartungsvoll ansah, wußte sie nicht ein Mal, welche Deutung sie jenen mystischen Zeichen geben sollte, die er bemerkt hatte.

Endlich sagte der Oberst, als Clyde die Thür geschlossen:

„Was wünschten Sie mir denn mitzutheilen, Mrs. Rodenbach? Sie scheinen eine Entdeckung gemacht zu haben, die Sie für wichtig halten."

„Vielleicht etwas ganz Unbedeutendes, was Sie belächeln müssen, da Sie meinen Argwohn nicht theilen."

„Es hat in der letzten Zeit Manches für mich Bedeutung gewonnen, was ich sonst nicht beachtet."

„Nun denn. Ich befand mich im Garten und sah, daß Clyde, der in der heftigsten Aufregung aus Ihrem Zimmer kam, das Futter seines Rockes aufzutrennen begann, dann einen erschrockenen Blick nach dem Garten warf und die Bastmatte herabließ, damit Niemand sein Thun beobachten könnte."

Der Oberst öffnete leise die Thür, ging über den Corridor und drehte mit einem raschen Griff an dem Thürschloß Clyde's. Die Thür war von Innen verschlossen, doch öffnete der Diener sofort und trat heraus.

„Bist Du noch da, Clyde?" fragte der Oberst und musterte ihn scharf.

„Ja wohl, Herr Oberst. Ich wollte mich erst ankleiden."

„Das ist gut, bestelle lieber das Anspannen, als das Satteln. Mrs. Rodenbach hat sich überreden lassen, mit auszufahren. Die arme Frau, sie leidet wirklich sehr um ihren Mann. Gewiß, Clyde, sie leidet, und es ist schändlich, einem armen Frauenherzen solche Schmerzen zu bereiten."

Clyde's Lippe zuckte, der Oberst drehte sich auf dem Absatz herum, und Clyde verschwand wieder hinter der Thür.

Der Oberst bemerkte, als er in's Zimmer zurückkehrte:

„Ich bin feſt überzeugt, daß der Kerl Etwas vorhat. Eben ſo feſt aber auch, daß Mr. Rodenbach geſchrieben und Clyde den Brief unterſchlagen hat. Wenn er dies gethan, dann iſt dieſer Sünde vielleicht ein noch größeres Verbrechen vorausgegangen. Ich habe ihm heute auf den Zahn gefühlt und zwei Mal ſein Zucken bemerkt.‟

Cöleſtine athmete nach dieſer Mittheilung erleich= tert auf.

Da ſich der Oberſt nur zeitweilig in Calcutta aufgehalten hatte, ſo befanden ſich an dem Hauſe, welches er bewohnte, keine Nebengebäude, und ſeine Pferde, ſeine Hunde und ſein Wagen ſtanden in einem Hintergebäude der Nebenſtraße, wo der Kutſcher und Reitknecht wohnten. Er hatte daher auch keine Do= meſtiken weiter im Hauſe, als die Köchin und eine an= dere engliſche Dienerin. In jedem andern Hauſe würde dieſer Mangel an Müſſiggängern und Schmarotzern wie etwas Ehrenrühriges beſprochen worden ſein; da aber der Oberſt abweſend geweſen, allein ſtand und erklärt hatte, daß er bald eins ſeiner Landhäuſer be= ziehen wolle, ſo ward ſein Aufenthalt nur als ein zeit= weiliger betrachtet und ihm dieſer Mangel an Auf= wand nachgeſehen. Clyde bequemte ſich, hinten aufzu= ſitzen, während der Reitknecht neben dem Kutſcher Platz nahm, so daß seine Carosse wenigstens gentlemenleik erschien.

Als der Oberst und Cölestine Clyde unter den Fenstern hinschreiten sahen, um den Wagen zu bestellen — ein Auftrag, den zu besorgen eigentlich auch unter seiner Würde war, und dessen Vollziehen als ein großes Zugeständniß betrachtet werden mußte, das Clyde dem Obersten gemacht — sah Cölestine, daß er jenen Rock abgelegt und einen andern angezogen hatte.

Sie stürzte pfeilgeschwind auf sein Zimmer los, es war nicht verschlossen, und dort hing wirklich der Rock, den er getragen. Das Stückchen Naht war noch offen, aber Nichts verrieth, daß sich hier jemals etwas Anderes befunden, als Futter und Oberzeug. Sie waren also wieder geprellt.

Ehe noch der Oberst und Cölestine Zeit hatten, ihren Verdruß auszutauschen, erschien ein Commis des Bankhauses, welches die Geschäfte des Obersten besorgte und, wie man sagte, mit den Capitalien desselben arbeitete. Er gab einen Brief an denselben ab, nachdem er bemerkt, daß er die gewünschte Summe bringe.

Der Oberst nahm den Brief in Empfang, öffnete ihn aber nicht in der Gegenwart des jungen Mannes, sondern sagte kurz, mit dem Finger auf den Tisch deutend:

„Fünftausend Rupien bringen Sie, nicht wahr?"
Der junge Mann bejahte die Frage. „Legen Sie das
Geld dorthin. Den Brief werde ich später lesen und
beantworten, sobald ich das Geld durchgesehen habe."

Der Commis entfernte sich, und nun erst öffnete
der Oberst das ziemlich umfangreiche Paket und sagte
leise zu Cölestine, die ihn scharf beobachtete:

„Es ist aus London, ich wußte es sogleich, wollte
aber dem Commis keinerlei Einblick gestatten."

Cölestine griff nach einem Stuhle, um sich zu
stützen.

„Es ist die Antwort meines Agenten."

Ihr Blick hing angstvoll an den Zügen des Ober=
sten, der eifrig las. Endlich sagte er, vom Briefe auf=
sehend:

„Rodenbach hat die Geschäfte ordentlich besorgt,
und Nichts läßt auf ein besonderes Vorhaben schließen.
Er hat die letzte Nacht eben so wie die früheren in dem
Hotel, wo wir wohnten, logirt, dem Doctor sein Schach
übergeben und mit ihm zu Abend gespeis't. Früh ist
er in einem Wagen auf den Bahnhof gefahren, und
damit ist seine Spur erloschen, weil Niemand auf den
Wagen und den Kutscher geachtet hat, daß man hier
weiter forschen könnte."

„Man hat ihn unterwegs beraubt und getödtet!"

rief Cölestine angstvoll, „und Clyde ist, wie sich an=
nehmen läßt, mit demselben Zuge gereis't."

„Ich glaube nicht, daß er, selbst wenn er beraubt,
getödtet worden ist, und werde sogleich Vollmacht nach
England schicken, damit der Banquier die Sache wie
seine eigene betreiben und den geprüftesten Polizier
für uns gewinnen kann. Er soll kein Geld sparen,
und wenn es Tausende kostet. — Bei dem geringsten
verdächtigen Zeichen hier, lasse ich Clyde sogleich fest=
nehmen, damit wir ihn haben, wenn gravirende Aus=
sagen aus England ankommen."

Der Oberst verschloß sorgfältig jene Notizen und
Papiere und schrieb hastig einige Zeilen, siegelte sie
ein und sagte, als der Wagen durch Clyde angemeldet
ward:

„Schicke mir Tom, den Reitknecht, herauf."

Tom erschien und machte seinen Kratzfuß.

„Gehe sogleich zu Werthers und Compagnie und
bestelle diesen Brief, aber verliere ihn nicht, er enthält
die Quittung für das Geld, welches sie mir gesandt
haben. Du mußt es ersetzen, wenn die Quittung nicht
dort ist. Wir werden mit dem Wagen vorüberkom=
men und Dich mitnehmen, deßhalb bleibe an der Thür.
Du kannst auch Mr. Werthers herausrufen, sobald Du
uns kommen siehst, damit ich ihn fragen kann, wie Du
Deinen Auftrag ausgerichtet hast."

Clyde's Augen schweiften von einem Gesicht zum
andern. Er errieth sofort, daß Etwas vorgegangen, was
er nicht wissen sollte, und es schien eben keine freudige
Entdeckung für ihn zu sein, sondern ein Mißtrauens=
votum, daß der Reitknecht und nicht er geschickt ward.

„Ja so? das Geld," bemerkte der Oberst gleich=
giltig. „Wir möchten es doch erst aufheben, ehe wir
ausfahren. Zähle es durch, Clyde, und wenn es rich=
tig ist, kannst Du es dort in das Fach meines Schreib=
tisches legen, welches für kleine Ausgaben bestimmt ist."

Der Oberst zog seine Schreibtafel heraus, notirte
Etwas und griff nach den Zeitungen.

Clyde schien beruhigt, man hatte Tom mit jenem
Auftrage deßhalb gesandt, weil es für ihn noch wich=
tigere Geschäfte gab. Das Geldzählen konnte man
Tom nicht überlassen, dazu gehörte seine geprüfte
Redlichkeit.

Cölestine befand sich im Nebenzimmer, wo das
Piano stand, sie wollte den Sturm in ihrem Innern
beschwichtigen, den die Nachrichten aus England her=
vorgerufen hatten, ehe sie sich auf der Straße zeigte,
und da sie dies am Besten durch Musik konnte, so
setzte sie sich an's Clavier und begann zu phantasiren.
Sie schlug einige Accorde voll und stark an. Dann
begann sie leise und klagend, wie das Weinen eines
jammernden Kindes. Der Oberst schaute über die Zei=

tung, die er zur Hand genommen, wie er immer that, sobald sie erschien, hinüber, um nach Clyde zu schielen. Jetzt schwollen die Töne an, sie braus'ten dahin wie Orgelklang, und das Pilgergebet aus dem Taunhäuser schritt in seiner ruhigen Majestät über die Tasten. Als es zu Ende war, ließ Cölestine die Hände sinken, lehnte sich in ihrem Stuhle zurück und schaute durch die geöffnete Thür hinüber nach Clyde, den sie von ihrem Platze aus betrachten konnte.

Plötzlich kam ihr ein Gedanke, sie nahm die Noten zur Hand, die sie hier gefunden, wählte einen Trauer= marsch und spielte ihn mit tiefem Gefühl und vollem Verständniß.

„Um Gotteswillen, halten Sie ein!" kreischte Clyde, „dies war der Marsch, den Lady Arabella zu= letzt gespielt."

Der Oberst wischte sich die Augen und überhörte, da seine Bewegung zu heftig war, Clyde's Worte. Cölestine sagte aber mit jenem halben Flüstertone, der lauter an die Ufer einer bangenden Seele schlägt, als die Brandung an die Felsen:

„Sie spielte diesen Marsch, als sie den vergifte= ten Blumenstrauß empfing?"

Clyde zuckte zusammen und ward noch bleicher.

Cölestine sprang auf, sie stand jetzt dicht vor Clyde, ihre Brust arbeitete und ihr Auge ruhte mit Trauer und Schmerz auf ihm, er vermochte ihren Blick nicht auszuhalten und lief eilig hinaus. Er wußte, daß jetzt der Augenblick da war, wo seine Fassung ihn verlassen würde, wenn sie nach ihrem Gatten fragte.

„Wo willst Du hin?" rief ihm der Oberst nach. „Wir müssen jetzt fort, die Pferde dürfen nicht länger stehen, ich wollte nur mit dem Leitartikel der Times zu Ende kommen. Ist es Ihnen gefällig, Mrs. Rodenbach?" fragte er aufstehend.

Cölestine nahm Hut und Shawl, immer die Augen auf die Thür geheftet, in der Clyde sich jetzt herumdrehte.

Sein Gesicht war wieder vollkommen ruhig, er hielt die Thür offen und ließ Cölestine und den Obersten an sich vorüberschreiten, stand dann zur rechten Zeit am Schlage des Wagens und schloß die Thür sorgfältig.

„Ach, meinen Sonnenschirm!" rief Cölestine laut.

Der Oberst neigte sich hinaus und befahl:

„Clyde, Mistreß Rodenbach's Sonnenschirm!"

Der Diener kletterte wieder vom Wagen herunter und eilte in das Haus.

„Lassen Sie den Kerl entweder festnehmen, oder bewachen!" rief Cölestine. „Ich bin überzeugt, daß sonst noch ein Unglück geschieht. Er kann ganz gewiß Auskunft über Mr. Rodenbach und die Juwelen geben."

Cölestine hatte hastig gesprochen, es lag eine sle=
hende Angst, aber auch die Gewißheit der Ueberzeugung
in ihren Blicken. Der Oberst antwortete nicht, ließ
aber den Wagen niederschlagen, setzte sich auf den Vor=
dersitz, um die Aussicht auf Clyde zu haben, und rief
seinen besten Jagdhund, einen guten Fanghund, der
stets seinem Wagen folgte, mit in den Wagen. Wäh=
rend es schien, als habe er diesen Platz eingenommen,
um den Hund, den er liebkos'te, neben sich zu haben,
war seine eigentliche Absicht, den Diener nicht aus den
Augen zu verlieren, und er war entschlossen, ihm nöthi=
genfalls den Hund nachzusenden, falls er eine verdäch=
tige Bewegung machen sollte.

Die große Promenade Calcutta's, die den Eng=
ländern den Hydepark in London ersetzt, war bald er=
reicht, und hier entrollte sich Cölestinen ein Bild voll
Leben und Bewegung. Denn eben so wie in den eu=
ropäischen Hauptstädten, tummelten sich kühne Amazo=
nen neben geschniegelten Dandies, das leichte Cabriolet
fuhr neben der reichgeschmückten Carosse des vergnü=
gungssüchtigen Nabob; der solide Wagen des ernsten
Geschäftsmannes suchte den bunt und elegant ausge=
statteten Palankin der indischen Schönen zu überholen,
und Alles wetteiferte, den meisten Glanz zu entfalten,
dem Leben die heiterste Seite abzugewinnen.

Da der Oberst, stolz und gleichmüthig wie immer,

in den sich mehr und mehr verdichtenden Menschen=
knäuel schaute, hielt Clyde es für gerathen, sich jetzt
seiner unangenehmen Situation zu entziehen, und glitt
geräuschlos vom Wagen herunter. Der Hund stand
sofort auf den Füßen und schaute dem Fliehenden nach.
Es bedurfte kaum eines kurzen „Faß!“ und schon war
er auf dem Boden und hatte bald sein Opfer an der
Gurgel gepackt.

Clyde versuchte den Hund von sich zu schleudern,
der Oberst feuerte ihn durch seinen Zuruf an, ließ so=
gleich den Wagen halten und schickte Einen der Um=
stehenden nach der Wache, um Clyde verhaften zu las=
sen. Der Menschenstrom hatte sich gestaut, man hörte
Geschrei, und schon begannen die anwesenden Conglän=
der den Kampf als ein Schauspiel zu betrachten, wel=
ches sie belustigte, und deßhalb Wetten anzubieten.

Da sauf'te ein leichtes Gigh daher, das langge=
spannte Pferd scheute, der Hund sprang auf dasselbe
zu und bellte, es riß den Wagen zur Seite und über
Clyde's Körper hinweg, ehe es ihm gelang, sich voll=
ständig aufzuraffen und seine Flucht fortzusetzen.

Natürlich rief jetzt der Oberst den Hund zurück
und ließ den Verwundeten in einen Palankin laden
und in sein Haus schaffen, während sein Wagen lang=
sam folgte, und der Hund nebenher schlich.

„Ich glaube, jetzt haben wir ihn sicher," flüsterte er Cölestinen zu, „sicherer, als wenn er hinter Schloß und Riegel säße. Der Vorfall wird ihn mürbe ge= macht haben."

„Lassen Sie ihn in Herbert's Zimmer bringen. Ich werde seine Pflegerin sein und kein Mittel unver= sucht lassen, um ihm Geständnisse abzulocken, die Licht in dieses Dunkel bringen sollen."

———

Neuntes Kapitel.

———

Sobald Edmund durch Sir Pembrooke die Ge=
wißheit erhalten, daß jener Brief, der den Oberst er=
suchte, den Diamantenschmuck abholen zu lassen und
ihn seiner Tochter zu übergeben, niemals geschrieben
worden war, sowie daß er Clyde ganz plötzlich entlassen,
weil er ihn in seinem Zimmer und vor seinem offenen
Taschenbuche überrascht, so stand auch seine Ueberzeu=
gung unumstößlich fest, daß Clyde nicht blos der Dieb
sei, sondern auch den ganzen Plan wohl überlegt und
ausgesonnen hatte. Auch glaubte er, daß der Schlosser,
der jedenfalls beobachtet worden war, entweder von
ihm zur Theilnahme an dem Verbrechen überredet,
nachdem er sich von dem Werthe des Inhalts unter=
richtet, oder wenn er nicht eingewilligt, auf die eine
oder die andere Weise unschädlich gemacht worden war.

11*

Wenn er auch sonst nichts Nachtheiliges weiter über Clyde erfuhr, da außer Sir Pembrooke Niemand Etwas von Dem wußte, was dieser ihm zur Last gelegt, so theilte er dies doch seinen Rechtsbeistand in Gestalt eines Polizeicommissairs mit, sowie seinen Entschluß, nach Schottland zu gehen, um den Verdächtigen — der an mehreren Orten geäußert, er habe den Dienst Sir Pembrooke's verlassen, um die Pachtung seines ver= storbenen Vaters zu übernehmen, die sich bis jetzt in fremden Händen befunden, nachdem er sich in Indien die Mittel dazu erworben — dort aufzusuchen und zu beobachten. Er schrieb ihm ferner, daß er sich bald nach seiner Ankunft und sobald er im Stande sei, ihm seine Adresse anzugeben, wieder mit ihm in Vernehmen setzen würde, und reiste, da eben ein Dampfschiff über Edinburgh nach Port Patrik abging, mit demselben ab.

Die Witterung war regnerisch und stürmisch, und die Wahl des Seewegs keine glückliche. Da es sich jedoch für Rodenbach darum handelte, auf die billigste Weise sein Ziel zu erreichen, da er in seiner bebenden Ungeduld den Landweg beinahe unerträglich fand, und ein Dampfschiff ihm selbst bei ungünstiger Witterung sicher schien, so überlegte er nicht weiter und ging an Bord dieses Schiffes.

Wenn nur seine Mittel bis zu dieser Reise aus= reichten, so war es schon gut, denn später hoffte er in dem Hüttenwerke bei Bradley Beschäftigung zu finden, und er hatte zu diesem Zwecke schon an die Direction des Hüttenwerks geschrieben und seine Ankunft ange= kündigt, sobald er zurückkehren würde. Seinen Schwie= gervater, der einen bedeutenden bergmännischen Ruf besaß, hatte er als Gewährsmann genannt, im Fall man an seiner Tüchtigkeit zweifeln sollte, und auch dem Betriebsdirigenten erklärt, daß nicht etwa ein Fehler im Dienst oder eine Ungeschicklichkeit ihn aus seiner mit Glück begonnenen Carriere geschleudert, sondern einzig und allein seine politischen Ansichten ihn aus dem Lande getrieben hätten.

Sollte Rodenbach nicht glücklich bei diesen neuen Unterhandlungen sein, so blieb ihm ja auch noch die Anfrage an die Direction des Clyde=Iron=Works in der Nähe von Glosgow, die er auf jeden Fall zu be= suchen beschloß, da nicht blos der Umfang dieser Eisen= werke, sondern auch die Art des Betriebes für ihn von dem größten Interesse war. Bot man ihm bei dieser Gelegenheit eine annehmbare Stellung, dann konnte er ja vielleicht auch hier versuchen, sich eine dauernde Existenz zu gründen, und dem Obersten wenig= stens so viel Ersatz leisten, wie in seinen Kräften stand, wenn er nicht glücklich in seinen Nachforschungen war, wie dies sehr leicht sein konnte.

Als sie die Höhe von Yarmouth erreichten, hatte

sich ein undurchdringlicher Nebel auf die See gelagert, die Nacht trat riesig und schwarz heran, so daß die Passagiere näher zusammen rückten, und ein alter, kräf= tiger aber wettergebräunter Herr sich unserm bleichen düstern Rodenbach, der sich vollständig isolirt gehalten, näherte und fragte, indem er ihm eine mit Portwein gefüllte Flasche hinhielt:

„Sie waren wohl noch niemals zur See?"

„Ich habe blos die kurze Ueberfahrt von Ostende nach London gemacht, aber bei ruhiger See und klarem Himmel."

„Was sind Sie, wenn ich fragen darf?"

„Bergmann, aber gegenwärtig ohne Schacht."

„Wie sich das wunderbar trifft, ich bin Seemann, aber gegenwärtig ohne Yacht."

„Dennoch scheinen Sie sich besser zu befinden, als ich, der ich — nachdem man mich aller meiner Habe beraubt — verwundet und bewußtlos mehrere Monate in einem Spital Londons gelegen habe."

Der Seemann sah den Bergmann mit einem durchbringenden Blicke an, er wußte nicht, ob er ihn mystificiren wollte, oder ob er die Wahrheit sprach. Als aber Rodenbach mit einem melancholischen Lächeln die Wahrheit seiner Aussage nochmals betheuerte, sagte er näher rückend:

„Sie sind kein Engländer, wie ich merke, haben also auch den Bergbau nicht dort studirt.“

„Ich bin ein Deutscher und habe meine Studien auf der Bergacademie von — gemacht, habe dann seit manchem Jahre eine nicht unbedeutende Stelle bekleidet und bin doch trotzdem, daß mein Schwieger= vater Oberbergrath ist — — —

„Was der Tausend! dort haben Sie studirt,“ unterbrach ihn der Seemann. „Dann sind Sie gewiß ein tüchtiger Kerl. Wollen Sie mit mir nach Schwe= den gehen, wo ich Theil an einem Kupferbergwerke habe, so verspreche ich Ihnen sogleich eine angenehme Stellung und ein reichliches Brot.“

„Ich denke, Sie sind Seemann,“ bemerkte Roben= bach verwundert.

„Mein Sohn commandirt jetzt auf meiner Brigg. Ich habe mir ein junges Weib genommen, und da es nicht klug gehandelt ist, junge Frauen sich selbst zu überlassen, so habe ich mir ein schönes Gut gekauft und mich mit einem nicht unerheblichen Capital bei dem in der Nähe befindlichen Werke betheiligt. Namentlich ist es ein Schacht, der an meine Fluren grenzt, der früher sehr ergiebig gewesen, jetzt aber lange todt ge= legen hat, in den ich gern einen neuen Stollen treiben lassen möchte, wenn ich nur dazu einen passenden Mann fände. Ich bin überzeugt, er würde ergiebig sein.“

„Später nehme ich vielleicht den mir gebotenen Vorschlag an, vor der Hand muß ich jedoch darauf verzichten." Und er theilte ihm sein Vorhaben mit, und zugleich die Geschichte des Diebstahls mit allen ihren traurigen Folgen, sowie seine Absicht, Clyde in seiner Heimath aufzusuchen.

„Es ist vergebene Mühe, jenen Mann dort zu suchen. Mit einem solchen Schatze setzt man sich nicht in das Nest, wo man geboren. Der Bursche ist über See, denn nur in einem anderen Erdtheil kann er sich für sicher halten. Für die Wahrheit dieser Behauptung will ich meine rechte Hand geben. Doch lassen Sie uns ein Mal nach dem Wetter sehen. Der verdammte Nebel kann uns auf einer der Sandbänke, die hier in Menge vorhanden sind, aufrennen lassen, wenn wir nicht auf unserer Hut sind. Kommen Sie auf's Deck."

Der alte Seemann zog einen dicken Flausrock über und ermahnte Rodenbach, ein Gleiches zu thun.

„In meinem Pelze wärmt sich ein Anderer," antwortete dieser düster.

„Ach so, man hat Ihnen den Pelz geraubt. Der Hallunke, möge er ihm doch auf dem Leibe verbrennen! Da nehmen Sie den meinigen, er ist nicht von der schlechtesten Sorte Seehund, damit er durch die Nässe nicht leidet, der ein Seemann ausgesetzt ist."

Rodenbach hüllte sich in den Pelz des Schweden und stieg mit ihm auf das Verdeck, froh, diesen Schutz zu haben.

„Wir bekommen Sturm," sagte der Fremde ihm leise in's Ohr. „Und wenn unser Capitain kein ganzer Kerl ist, können wir bei dem Tanze auch Salzwasser kosten müssen. Ich werde hier oben bleiben."

Er sprach mit dem Capitain, dieser war ganz seiner Meinung und traf seine Anstalten. Eine Stunde später kämpfte das Schiff gleich heftig mit dem heulen= den Sturme, wie mit den brüllenden Wogen.

Rodenbach war in die Cajüte hinabgegangen, er vermochte nicht, sich auf dem Verdeck zu erhalten, von dem Alles hinabgefegt und gespült ward, was nicht angekettet oder angenagelt war; aber selbst da unten schien Das, was er zu ertragen hatte, über seine Kräfte zu gehen. Er lag in seiner Hängematte und machte sein Testament, d. h. er schickte Segenswünsche für Die, welche er liebte, zu Gott dem Vater.

„Nun, leben Sie noch?" fragte der Seemann nach Verlauf einer Stunde.

„Ja, ich lebe noch, aber ich glaube, daß Die, welche der Sturm lange so herumgeschüttelt hat, wie mich seit drei Stunden, sich kaum beklagen, wenn das Schiff endlich zerschellt und mit ihnen in die Tiefe hinabsinkt. Es ist doch wenigstens eine Lösung ihres gräßlichen Schicksals."

„Meinen Sie, mein Junge? Nun, unter uns gesagt, hätten Sie diese Lösung vielleicht schon, wenn ich nicht am Bord gewesen wäre. Ich war zehn Jahre Steuermann auf einem englischen Küstenfahrer und habe Erfahrungen gemacht, die mir jetzt sehr nützlich sind."

„Na, so bewahren Sie das Schiff auch ferner um der Uebrigen willen."

„Ich werde sogleich wieder hinaufgehen. Nur die Sorge um Sie trieb mich herunter. Nehmen Sie einen tüchtigen Schluck aus meiner Flasche. Dies ist das beste Mittel gegen die Seekrankheit."

Rodenbach befolgte den Rath, so sehr er auch sonst dem Cognac abhold war. Es war ihm so elend zu Muthe, daß er gern nach jedem Mittel griff, welches Linderung versprach.

Der Alte steckte seine Flasche in die Tasche seines Flausrocks und wollte eben wieder die Treppe hinauf, als er einen Stoß fühlte, der ihn die Treppe wieder hinunter warf und Rodenbach aus seiner Koje kollerte.

„Tod und Teufel! Wir sitzen fest," rief der alte Seemann, sich seine Hüfte reibend; „wo hat denn der Esel von Capitain seine Sinne? Hinauf mit Ihnen, wenn Sie nicht ersaufen wollen wie eine Landratte,"

rief er plötzlich mit erhobener Stimme und bot Roden=
bach die Hand zur Unterstützung.

Das Stampfen des Schiffes ließ nach, aber auf
dem Deck ward ein heftiges Rennen bemerkbar, und
bald donnerten die Nothschüsse über die aufgeregten
Wogen.

Rodenbach war dem Alten nachgeeilt, und als er
jetzt auf dem Deck neben ihm stand und sich an den
Hauptmast klammerte, fragte der Letztere:

„Nun, was sagen Sie denn jetzt zu der Lösung?“

„Wir befinden uns in der Nähe eines Hafens,
dort ist ja ein Leuchtthurm,“ antwortete der Erstere.

„Wenn wir ihn nur eher gesehen hätten.“

Jetzt donnerten die Nothschüsse schneller, die Boote
wurden klar gemacht, und der Capitain gab den Befehl,
sich fertig zu machen, um sogleich hineinspringen zu
können, wenn keine Hülfe nahte, ehe das Schiff voll=
ständig zum Sinken käme.

„Es muß der Leuchtthurm von Port Patrik sein,“
meinte der alte Seemann, nachdem er vom Steuerbord
zurückkehrte, „die Lootsenboote werden uns aber wenig
nützen können, selbst wenn sie sich aufmachen wollten,
sie haben Sturm und Wellenschlag entgegen.“

Jetzt schlug ein Laut an das Ohr der Sprechenden,
der sie das Blut in den Adern erstarren ließ, es
klang ungefähr so, wie wenn sich eine riesige Flasche

mit Waſſer füllt. Und gleichzeitig krachten noch ein
Mal, zum letzten Mal, Ein, Zwei, Drei Schüſſe.
Dann folgte eine unheimliche Stille.

„Hah, ſie feuert über ihr eignes Grab,“ rief der
Seemann bewegt und wiſchte ſich eine Thräne aus
den Augen. „Nun iſt's die höchſte Zeit, an uns zu
denken. Heh, Capitain, wollt Ihr mir die kleine Jolle
überlaſſen?“

„Wenn Sie glauben, daß ſie Ihnen noch Etwas
nützt,“ antwortete der Capitain gepreßt.

„So kommen Sie,“ ſagte er zu Rodenbach, „als
Bergmann müſſen Sie doch klettern können und ſchwin=
delfrei ſein.“

„Im Schachte dreht ſich nicht Alles im Kreiſe.“

Er band ſich ein Tau, welches er ſchon lange in
der Hand getragen, um den Leib, befeſtigte das andere
Ende an Rodenbach's Armen und ſchlang es kreuz=
weiſe um ſeine Schultern, und ließ ihn in das Boot
hinab. Als er ihm gefolgt war, nahm er ein zweites
und band ihn an das Ruder. Hierauf befahl er ihm,
es tüchtig zu handhaben.

Es war dies Alles keine leichte Aufgabe geweſen,
und ohne die Vorſicht des alten Seemanns wäre Roden=
bach längſt in den Wellen begraben worden, denn bei ſo
maſſenhaftem Anbrängen der Wogen und dem wüthenden
Raſen des Sturmes war Der, der im Fluſſe als guter

Schwimmer gegolten und im Schachte völlig schwindel-
frei war, nur ein rathloses Kind.

Jetzt stießen auch die andern Boote in See. Sie
hatten vom Schiffe aus gesehen, daß die braven Lootsen
den Kampf mit den Elementen wagen wollten und die
Rettungsboote herbeibrachten. Neuer Muth und neue
Hoffnung überkam sie. Rodenbach, den die Besinnung
verlassen, faßte das Ruder wieder, und der Seemann
versuchte von der Richtung des Leuchtthurms weiter
zu steuern. Aber dies war eine vergebene Mühe, die
Wogen warfen die Nußschaale zurück und trieben sie
immer weiter von der Küste fort. Bald waren die
Lichter der Lootsenboote nicht mehr sichtbar, die Kraft
der Männer war erschöpft, und der Alte unterbrach
das Schweigen durch die Worte, die er in Rodenbach's
Ohr schreien mußte:

„Hier einen Schluck und einen Bissen, und dann
das Boot in Gottesnamen den Wellen überlassen,
irgend wohin müssen sie uns doch bringen." Der Bissen,
den der rührige Seemann fürsorglich eingesteckt, war
tüchtig von Seewasser durchweicht, der Schluck war
weit besser conservirt, und Rodenbach gewann nach
dem Genuß desselben wenigstens so viel Kraft, sich zu
erheben.

Er blickte sehnsüchtig spähend nach der Richtung
hin, wo Deutschland liegen mußte, und sandte dorthin

seinen Gruß. Doch was war das? Ein Stern von
ungewöhnlichem Aussehen, der dahinsauf'te und huschte
und fuhr und auf= und niederschwebte.

Er zeigte ihn seinem Begleiter.

„Das ist kein Stern, und doch kann es ein Stern
der Hoffnung sein, es ist ein Schiff, welches gleich uns
mit den Wellen kämpft, aber noch segeln kann, wie ein
Adler in der Luft."

Und mit erneuerter Kraft ging's an ein Rudern,
immer den Cours des Schiffes innehaltend.

„Nur so fort," rief der Seemann, „wir nähern
uns, denn während wir ihm entgegen getrieben werden,
versucht es gegen den Wind zu halten."

Und mit beinahe übernatürlichen Kräften ruderten
sie weiter und weiter. Wenn sie jetzt zu spät kamen,
um sich noch bemerkbar zu machen, so waren sie ver=
loren, denn sie entfernten sich mit Riesenschritten von
der Küste.

Es waren furchtbare Minuten, weit schrecklicher,
als der Augenblick, wo sie Angesichts der Küste hinab=
sprangen und hoffen konnten, sie mit leichter Mühe
zu erreichen.

„Schiff ahoi!" schrie jetzt der Seemann mit der
vollen Kraft seiner Lunge, die Hände zu einem Schall=
rohr formend, und Rodenbach mischte seinen Ruf mit
in den seinigen, um die Kraft zu verstärken.

Auf dem Schiffe rührte sich Nichts, das Brüllen der Wogen hatte den Ton verschlungen.

Sie suchten näher zu kommen, sie wiederholten den Ruf zwei Mal, drei Mal, endlich waren sie gehört worden. Gott sei gelobt, eine Rackete stieg auf.

Unter beständigem Rufen kamen sie näher. Ein Tau, an dessen oberem Ende ein Licht befestigt war, ringelte sich herab. Der Seemann konnte es nach ver= geblichem Haschen endlich doch erfassen und das Boot daran fest binden welches wie ein Ball hin und hergekol= lert worden war. Jetzt wurden sie heraufgezogen, und sobald Rodenbach auf das Verdeck gelegt ward, schwan= den seine Sinne. Er lag da wie ein Todter.

Der Seemann lös'te das Tau, welches sie mit einander verbunden hatte, damit der Bewußtlose hinab in die Cajüte getragen werden könnte, ehe eine Woge ihn von den sichern Planken wieder hinwegriß, wischte sich den Schweiß von der Stirn und das Seewasser aus den Haaren, und reichte dem Capitain, der ihn gastlich aufgenommen, die Hand. Der Druck ward erwidert, denn jeder brave Seemann freut sich gewiß herzlich einer solchen Rettung.

„Na, Jungens, einen Schluck auf Euer Wohl, denn es ist wirklich noch ein Tröpfchen in meiner Flasche," rief er munter.

Sie brachten ihm ein Hoch aus, und er sagte:

„Da ich neben diesem Tröpfchen auch noch einige Schillinge gerettet habe, so sollt Ihr auf mein Wohl morgen einen tüchtigen Grog haben."

Ein neues Hoch, dem auch Die beistimmten, die das Boot heraufgezogen hatten und am Schiff be= festigten.

„Doch nun geht auf Euern Posten," rief er, „da= mit ich nicht noch ein Mal Salzwasser schlucken muß."

„Was bist Du für ein Landsmann?" fragte der Schiffbrüchige jetzt den Capitain, der ihn nach der Cajüte geführt und ihm trockene Kleider angeboten hatte.

„Ein Norweger, Capitain Achlsen, Brigg Korin."

„Und ich ein Schwede, Eigner der Brigg Euporia und der — — —

„Sie sind also der Capitain des gestrandeten Schiffes, welches um Hilfe rief, ohne daß wir ihm beispringen konnten, da uns der Sturm entgegen, und die Klippen hier so gefährlich sind?" unterbrach er ihn.

„Nein, der bin ich Gott sei Dank nicht, ich war nur als Passagier auf demselben und in Geschäften in England.

„Sie wollen heim, ehe der Kattegat sein Winter= kleid anlegt?"

„Ja, und wenn Sie mich und meinen Begleiter mitnehmen können, werde ich Ihnen dankbar sein."

„Bis Oeland, wenn Ihnen das recht ist."

„Wir sprechen morgen darüber."

„Ich muß hinauf," rief jetzt der Capitain, nach Oben lauschend. „Hier finden Sie, was Sie brauchen."

Bald brachte der Cajütswächter einen Imbiß und eine dampfende Bowle. Der Sturm wüthete noch immer, allein nachdem Rodenbach die Fahrt im Boote gemacht, schien ihn die Seekrankheit aufgegeben zu haben, er konnte essen, trinken und schlafen.

Als er erwachte, hatte der Sturm nachgelassen, die Sonne stand am Himmel, und nur in der Tiefe grollte es noch; aber in seinem Kopfe arbeitete es wie Schmiedehämmer. Er sank wieder in seine Koje zu= rück und wimmerte um ein Glas Wasser, das er auch erhielt, als sein alter Freund bei ihm eintrat und seinen kläglichen Zustand erkannte.

„Ihnen danke ich mein Leben, denn ohne Sie hätten mich die Wogen verschlungen," flüsterte er, seine Hand ergreifend.

„Wohl möglich, doch schlagen Sie den Dienst nicht zu hoch an, der Mensch will nicht gern allein sein, selbst wenn es zum Tode gehen soll."

„Sie konnten sich ja einen andern Begleiter wählen. Es wäre gewiß ein Jeder mit Ihnen gegangen, da es sich um die Möglichkeit einer Rettung handelte.

„Ich wollte aber doch ein Mal einen Bergmann

haben. Sie wissen es ja," versetzte er lächelnd, „denn
nun werden Sie sich doch nicht weigern, mit mir zu
gehen."

„Wenn ich den Schurken nicht aufspüre, wird
dann der Oberst glauben, ich sei mit dem Schatze durch=
gegangen; dafern ich England verlasse, ist's noch schlim=
mer."

„Sie schreiben ihm, was Ihnen wieder für ein
neues Unglück geschehen ist, blos weil Sie jenem Hal=
lunken nachgereis't sind. Er mag ihn selbst verfolgen
lassen."

Rodenbach's Kopfweh steigerte sich bis zur Uner=
träglichkeit, und als Mitternacht herankam, lag er
im fürchterlichsten Fieber, und sprach in wirrem Durch=
einander von einer Menge Dingen, die der gegenwär=
tigen Situation ganz fern zu liegen schienen.

Der Schwede saß an seiner Koje und flüsterte:

„Konnte mir's denken, daß es so kommen würde.
Eine armselige Landratte konnte diesen Sturm auf
dem Schiffe, und dann die Fahrt in dem offenen Boote
nicht aushalten, besonders da sie so lange krank ge=
wesen zuvor."

Als sich gegen Morgen Rodenbach's Besinnung
wieder fand, sagte der brave Schwede:

„Da man nicht wissen kann, was Ihnen passirt,
so ist es besser, wenn Sie mir die Adresse des Obersten

geben, damit ich ihn auf alle Fälle von dem Vorge=
fallenen unterrichten kann."

Rodenbach gab ihm die Adresse des Obersten,
ferner die seines Banquiers in London, durch den der
Brief befördert werden konnte, und die Adresse des
Polizeiagenten, den er mit seiner Angelegenheit beauf=
tragt, dann setzte er hinzu:

„Sollte ich sterben, so melden Sie meinen Tod —
Doch nein," fügte er nach kurzem Nachdenken hinzu.
„Wir wollen ihr den Schmerz ersparen. Sie mag
glauben, ich lebe in Indien."

Er schlief ein, doch gegen Abend trat das Fieber
wieder ein, und weit heftiger auf als Tags zuvor.
Die Besinnung kehrte auf Wochen hinaus nicht wieder
zurück, aber sein neu gewonnener Freund nahm sich
seiner redlich an und verließ ihn, auch als sie an's
Land gingen, nicht eher, als bis er zu transportiren
war, dann ließ er ihn nach seinem Landgute schaffen
und sorgte in der umfänglichsten Weise für seine Pflege.

An den Obersten hatte der brave Mann sogleich
geschrieben und ihm Rodenbach's Unglücksgeschichte
mitgetheilt, und den Brief an den Banquier desselben
adressirt, dann hatte er die Adresse des Polizeiagenten,
sowie Rodenbach's gegenwärtige Adresse beigefügt, und
den Schiffbruch so wie die Rettung desselben geschildert
und seine mißliche Lage beschrieben.

12*

Der alte gute Mann freute sich ungemein, als er dem Genesenden, der sich im Fieber in der qual= vollsten Weise abgerungen, um den Flecken, der mög= licher Weise für ein ganzes Leben auf seinem ehrlichen Namen haften könnte, abzuwaschen, die tröstliche Ver= sicherung geben konnte, daß dies Geschäft besorgt sei und er voraussetzen könne, der Oberst werde kein Mittel unversucht lassen, um den wahren Sachverhalt zu ermitteln und den Spitzbuben zu erwischen.

Wenn nun auch Rodenbach nicht ganz so tief von dieser Ueberzeugung durchbrungen war, da der Gedanke ihn beherschte, ob nicht der Oberst sowohl wie Cölestiene sich völlig unthätig verhalten würden, um ihn noch länger fern und für immer niederhalten zu können, so sprach er sich doch hierüber nicht aus, sondern brütete nur in der Stille seines Zimmers über solchen die vollkommene Genesung hemmenden Vorstellungen. Sein Freund glaubte ihn also beruhigt zu haben.

Zehntes Kapitel.

————

Derselbe Arzt, der den unglücklichen Herbert be=
handelt, stand auch jetzt vor dem Bette Clyde's und
erklärte nach gewissenhafter Untersuchung des Körpers,
daß der Verwundete schwerlich zu retten sein würde, da
die Organe der Brust, die durch die Hufe des Pferdes
oder der Räder beinahe zertrümmert seien, ihre Func=
tionen nicht lange mehr verrichten könnten, abgesehen
davon, daß auch die Kopfwunden tödtlich werden könn=
ten. Wenn sie sich, wie er erwartete, heftig entzün=
deten, mußte das Gehirn angegriffen werden.

Natürlich mußte dieser Ausspruch Cölestinens
Entschluß — nicht von dem Bette zu weichen — nur
bestärken, denn wenn sich diese Lippen schlossen, ohne
gesprochen zu haben, blieb das Dunkel, welches sie zu
erleuchten wünschte, vielleicht auf ewig unenthüllt.

Die Nacht verging ohne ein Zeichen, daß die
Gedanken irgend eine bestimmte Richtung genommen,
oder das Gehirn sich einer besondern Thätigkeit hin=
gegeben. Der Kranke lag im Fieber, er stöhnte, ver=
suchte sein Bett zu verlassen, kannte aber nicht die
Personen, die an sein Lager traten, oder den Raum,
der ihn umfing, und doch schien es, als übe seine
Willenskraft noch einen Einfluß auf die entfesselten
Elemente des Fiebers, als vermöge er jetzt noch, die
unheimlichen Gestalten zurückzudrängen, die als Zeu=
gen seiner Schuld an ihn heranschlichen und ihn
beängsteten.

Cölestine war am Morgen abgespannt vom
Wachen und dennoch glühte sie von Aufregung, denn
eine Nacht an dem Lager eines Menschen zugebracht,
der ungescheut vielleicht seit Jahren Verbrechen auf
Verbrechen gehäuft und von der Hand des Allmächtigen
so plötzlich zu Boden gestreckt worden war, wie die
stolze kräftige Eiche durch den Blitzschlag, mußte er=
schütternd auf eine Frau wirken, welche nie im Leben
daran gedacht, daß wir früher oder später Alle ein
Mal vor den Richterstuhl des unbestechlichsten Richters
gefordert werden, und die dämmernden Nebelschleier,
die unsere Fehler uns umhüllen, wenn wir den schar=
fen, sichern Blick auf dieselben scheuen, plötzlich durch
einen einzigen Schlag zerreißen können. Er entzündet

das Licht, welches den geheimsten Winkel der Seele beleuchtet, oft ungeahnt, und grell und scharf grinsen uns die kleinen liebenswürdigen Eigenheiten, die Spiele unserer Launen, die Angewohnheiten unserer Kinder= jahre, aus denen das Leben die Elemente unsers Cha= rakters entwickelt, wie höhnende Teufel an, die ihre Beute fordern.

Cöleſtine weinte, ſie rang die Hände, ſie rief ihren Gatten, ſie ſchrie nach ihrem Kinde, ſie flehte ihren Vater an, ihr das Herzeleid zu vergeben, wel= ches ſie in ihrem Unverſtande über ſein graues Haupt gebracht, endlich beruhigte ſie ſich durch den Gedanken, daß ſie dem Oberſten gegenüber doch wenigſtens den rechten Weg gefunden, und indem ſie ihm mit Auf= opferung diente, vielleicht die Mittel zur Vereinigung mit ihrem Gatten und ihrem Kinde fand.

Cöleſtine hatte niemals Geduld geübt, raſch wie ihre Entſchließungen, ſollten auch ihre Ausführungen ſein. Weßhalb beſaß ſie nicht Flügel? Warum konnte ſie nicht mit dem erſten Segler nach England?

Sie konnte und durfte den Oberſten nicht ver= laſſen, da er ihr Bleiben gewünſcht, ſie mußte auch bei Clyde aushalten, da ſie von ihm allein die nöthigen Aufſchlüſſe erhalten konnte, und daß ihr das Verweilen bei ihm eine Qual war, ſollte der erſte Schritt in das

Reich der Buße sein, das sie nothwendig durchwandern
mußte, wenn eine Läuterung erfolgen sollte.

Als sie mit leisem Schritte im Zimmer auf= und
abging, und die Augen so oft auf den Kranken warf,
als sie an ihm vorüberkam, da sie in dessen Zügen
jede Regung belauschte, jede Veränderung zu erhaschen
wünschte, fiel ihr Blick plötzlich auf den Rock, den er
am gestrigen Tage getragen. Sie stürzte auf den=
selben los, wie der Tiger auf seine Beute, und als sie
die Taschen umgewendet und nichts Verdächtiges ge=
funden, begann sie mit zitternden Händen das Futter
aufzutrennen, welches fest angenäht war.

Hah, was war das? Einige kleine Päckchen,
ungefähr so wie unsere Pulverkapseln mit sonderbaren
Zeichen beschrieben, und ein fest zusammengebrochener
Zettel in Briefform, in englischer Sprache, mit dem
Postzeichen London und an eine Miß Sally Ledgewood
in Calcutta adressirt, fand sich vor.

In wenigen Augenblicken war der Zettel aufge=
rollt und Cölestine las die von ungeübter Hand und
in schlechter Orthographie geschriebenen Worte:

„Er ist glücklich mit dem letzten Verbrecherschiff
nach unserer Colonie in Australien abgegangen, das
Pulver hatte ihn betäubt, und wir danken Dir durch
diesen Meisterstreich die Rettung Jün's, der, wie Du
weißt, Einer unserer besten Leute ist."

Unten stand die Adresse des Schreibers in Lon=
don, der bald um eine Antwort bat.

Cölestine verbarg ihren Fund in der Tasche ihres
Kleides und nähte die Oeffnung in dem Rocke wieder
zu. Sie verstand wohl, was sie gelesen, doch konnte
sie nicht recht klar mit sich werden, was eigentlich ge=
meint sei.

Konnte Der, der nach Australien geschickt worden
war, ihre Gatte sein? Sie mußte mit dem Obersten
darüber sprechen, sobald dieser erwacht sein würde.

Sie rief also das Mädchen herein, hieß ihr, den
Kranken bewachen und bedienen, und verließ das Zim=
mer, in der Absicht, im Frühstückszimmer den Obersten
zu erwarten. Als sie über den Corridor ging, hörte
sie ein leises, fast schüchternes Klopfen an der Haus=
thür, als scheue sich der Besuch, in das Haus einzu=
treten.

Sie ging sogleich nach der Thür, um zu öffnen,
in der Meinung, es sei der Arzt, der den Schlummern=
den nicht wecken wollte und doch von der Besorgniß
zeitiger hergetrieben ward, da sein Patient ein schwer
kranker war.

Zu ihrem Erstaunen sah sie ein junges, sehr an=
muthiges Mädchen in der Kleidung der bessern Stände
Englands, das, bei ihrem Anblick sichtlich verlegen, nach

Mr. Clyde fragte und ihn auf einen Augenblick zu sprechen verlangte, als sie hörte, daß er anwesend sei.

„Treten Sie ein, liebes Kind," entgegnete Cölestine freundlich. „Clyde ist jetzt beim Obersten, sobald er dort fertig ist, soll er kommen. Oder kann ich Ihren Auftrag ausrichten?" fragte sie leichthin, als sie das Zögern des Mädchens bemerkte.

„Ich danke Ihnen, Madame, ich muß ihn selbst sprechen, und werde mit Ihrer Erlaubniß warten."

„Dann kommen Sie in mein Zimmer."

Cölestine schloß die Thür und schob das junge Mädchen vor sich auf dem Gange hin bis in ihr Schlafzimmer.

„Setzen Sie sich," sagte sie freundlich und nahm sich einen Stuhl neben dem ihrigen, indem sie fragte:

„Wohnen Sie hier in der Nähe?"

„Nein, Madame, ich wohne in der Nähe des Hogly in Garden=Reach, bei Mutter Dinorah, die dort eine kleine Wirthschaft nach englischem Styl ein= gerichtet hält."

„Ganz recht, ich habe davon gehört, wir fahren ja beinahe jeden Tag dort vorüber; der Oberst besitzt ein kleines Landhaus mit Gärtchen in der Nähe der kleinen Schankwirthschaft, welches wir in den nächsten Tagen beziehen werden, wie ich gestern hörte."

„Sie werden hinausziehen? Davon hat mir

Clyde noch Nichts gesagt," antwortete die junge Dame mit wachsender Verlegenheit. Cölestine benutzte die= selbe und fragte rasch:

„Nicht wahr, Sie sind Miß Sally Ledgewood? Wenigstens erwähnte Clyde diesen Namen als den einer Verwandten."

„Ja, das ist der Name, den ich führe," antwortete sie ganz verblüfft und blickte unruhig nach der Thür, als erwarte sie, daß er eintreten und ihr das Räthsel lösen solle.

„Ja sehen Sie, liebes Kind, ich weiß viel, mehr als Sie glauben oder ahnen," bemerkte Cölestine lachend und drohte ihr schelmisch mit dem Finger. „Ganz gewiß haben Sie Clyde gestern Abend er= wartet."

„Es ist so," antwortete das junge Mädchen, „aber nicht um mit ihm zu kosen, wie Sie vorauszusetzen scheinen, sondern in Geschäften."

„Täuschen Sie mich nicht, Miß Ledgewood, Sie sind zu hübsch, als daß sich annehmen ließe, ein so lebhafter Mann, wie Clyde, sollte von Ihren Reizen unberührt bleiben. Haben Sie Vertrauen zu mir, vielleicht kann ich Etwas für Sie thun."

Das Mädchen zog ein spöttisches Gesicht.

Cölestine ließ sich dadurch nicht beirren, sondern fuhr fort, die Unschuldige zu spielen:

„Wie Sie wissen, ist der Oberst sehr reich, er würde gewiß, wenn ich ihn darum bäte, eine hübsche Summe opfern, um eine Vereinigung zwischen Ihnen und Clyde herbeizuführen, besonders da er den Letz= teren schätzt."

„Ich danke Ihnen, es liegt weder in meiner Ab= sicht, mich mit Clyde zu vermählen, noch in der seinigen, mich zu heirathen. Auch bedürfen wir keines Almosens, da wir auch ohne dasselbe leben können."

„Verzeihen Sie mir, daß ich Sie durch mein Anerbieten verletzt habe," entgegnete Cölestine und nahm dabei die gewinnende Miene an, die ihr Aller Herzen erobert hatte, so lange sie denken konnte. „Sie dürfen mir um so weniger zürnen, da der Gedanke doch so nahe liegt; denn sagen Sie selber, würden Sie nicht das Nämliche glauben, wenn Sie so oft einen Herrn eine Dame besuchen sehen, wie wir Clyde haben zu Ihnen gehen sehen, um so mehr, da er seine Schritte stets in ein gewisses Geheimniß hüllte, und auch Sie den beschwerlichen Weg in aller Frühe hierher unter= nommen haben, weil er gestern nicht kam?"

„Und dennoch sind unsere Beziehungen nur rein geschäftliche, wie ich Ihnen versichern kann."

Cölestine lächelte, musterte sie noch ein Mal und fragte:

„So erwarteten Sie ihn auch gestern Abend in

Geschäften, und es ist Ihnen gleichgiltig, ob er sich hier durch das eine unserer Mädchen fesseln ließ."

„Wenn er es gethan hätte, so wäre dies nur zu seinem eigenen Schaden gewesen," antwortete sie mit spöttisch aufgeworfener Lippe. „Die Dame, die ihn zu sprechen wünschte, wird nicht zum zweiten Male kommen, besonders da er gewußt, daß sie wartete."

„Wenn sie den Schmuck so billig bekommt, wie sie hier die Gelegenheit hat, wird sie schon wieder= kommen," bemerkte Cölestine gleichgiltig.

Die Fremde betrachtete sie mit einer Mischung von Staunen und Unruhe, Cölestine schien nicht darauf zu achten und fuhr fort:

„Wissen Sie, wie viel sie geboten hat, vielleicht könnte ich Ihnen denselben Preis zahlen, ich habe mit Clyde schon darüber gesprochen, und um Ihnen die Wahrheit zu gestehen, blieb er blos deßhalb weg, weil er den Abschluß des Geschäfts verzögern wollte, bis ich mit dem Obersten gesprochen."

„Für Halsband, Diadem und Armband sollte sie dreißig tausend Pfund zahlen, sie wollte aber nur fünf= undzwanzig zahlen und kam, um ihm dies zu sagen."

„Dreißig verlangte er von mir auch, und es ist möglich, daß ich sie ihm zahle, wenn ich den Schmuck wirklich so schön finde, wie er sagt, daß er sein soll. Ich will es ihm sagen, daß er ihn mit herbringen soll, denn ich brenne vor Ungeduld, um so mehr, wenn ich eine Concurrentin habe."

„Die Perlen sind ausgezeichnet, doch ich dächte, Clyde ließe recht lange auf sich warten."

Cölestine sah auf die Uhr, und versetzte:

„Sie müssen sich noch eine ganze Viertelstunde gedulden. Der Oberst pflegt um neun Uhr zu früh= stücken, und eher wird Clyde nicht entlassen."

„Ich dachte, der Herr Oberst wäre noch gar nicht aufgestanden. Ich wollte Clyde vorher sprechen."

„Wollte die Dame, die bei Ihnen war, den Per= lenschmuck für sich selbst kaufen?" fragte Cölestine, ohne ihre Worte zu beachten.

„Nein, sie kam im Auftrage eines Fürsten, der ihn einer jungen Dame schenken wollte. Clyde kennt sie schon von seinem früheren Aufenthalte in Indien her und hat zuweilen Aufträge für sie besorgt."

„Ist der Fürst, von dem Sie sprechen, vielleicht derselbe Mann, der Miß Burnside Aufmerksamkeiten erwiesen hat, als sie noch lebte?"

„Miß Burnside, die Tochter des Obersten?"

„Ja, ich habe mir erzählen lassen, ein Fürst habe sie, weil sie ihn nicht erhört, vergiften lassen."

„Hierüber kann ich Ihnen keine Auskunft geben, ich hörte blos, daß ihr der Fürst Daschhi el Abed — der sie auf einem Balle bei'm Gouverneur von

Bengalen kennen gelernt — den Hof gemacht, aber von ihr sehr schnöde zurückgewiesen worden sei, obschon er versprochen, ein Christ zu werden und sich mit ihr nach christlicher Weise trauen zu lassen, sie auch im Uebrigen ganz wie eine geborene Fürstin zu halten."

„Ganz recht, sie nahm jedoch seinen Antrag nicht an, und eben weil sie ihn zurückgewiesen, hat er ihr einen Blumenstrauß gesendet, der vergiftet war, als sie sich eben bei Lady Kate Cleveland, der Tochter Sir Pembrooke's, zum Besuch befand."

„So viel ich von der Geschichte gehört, ist jener Strauß nicht vergiftet gewesen, er sollte sie blos betäuben, damit man sie in diesem Zustande in das Haus des Fürsten Daschhi el Abed bringen könnte."

„Die Wirkung des Giftes war aber zu stark, oder die Organisation der Dame zu zart, sie starb."

„Ich glaube nicht, daß sie gestorben ist."

„Nicht, sollte man denn nicht ihre Leiche auf der Begräbnißstätte der Engländer in der weißen Stadt finden? Es käme doch auf einen Versuch an."

Die Fremde zuckte die Achseln und erwiderte:

„Indien ist das Land der Wunder und der Geheimnisse für den Europäer, es hat für jedes Gift sein Gegengift. Was unsere Aerzte bereits aufgegeben, retten die Eingebornen mit leichter Mühe, vorausge-

sezt, daß sie es für der Mühe werth halten, die Men=
schen zu retten, die ihre Feinde sind, oder ihren Göt=
tern zu dienen glauben, wenn sie die Ungläubigen
nicht beleben."

„Wo lebt der Fürst Daschhi el Abed?"

„In Bombai steht sein Hauptpalast, außerdem
besitzt er aber noch mehrere Landhäuser in den kühlsten
und romantischsten Theilen des Landes und verschiedene
Schlösser. Der Hogly, der westlichste Arm des Gan=
ges, wird großentheils von seinen Ländereien begrenzt."

„So ist vielleicht Lady Arabella die junge Dame,
deren Gunst er durch den Perlenschmuck zu erkaufen
wünscht, da sie, wie Sie glauben, nicht todt ist."

„Das kann ich nicht behaupten. Ich habe die
Duenna nicht nach dem Namen derselben gefragt."

„Die Wahl wäre auch keine gute; für eine so
stolze Schönheit, wie Lady Arabella, hätte er Diaman=
ten wählen sollen, und Perlen für die, welche weinen
müssen, denn Perlen bedeuten Thränen."

„Vielleicht besitzt die Fürstenbraut schon Steine
genug, und ihr Herz verlangt nach Perlen."

„Sie können Recht haben; doch da Sie ein Mal
meine Neugierde und mein Interesse erregt haben, so
sagen Sie mir wohl auch, wo sich der Fürst gegen=
wärtig aufhält und ob die junge Dame bei ihm ist."

„Weßhalb thun Sie diese Frage?"

„Da Sie jung und schön sind, werden Sie begreifen, daß wir Frauen so viel als möglich Nutzen aus unsern Reizen ziehen müssen. Wenn Lady Arabella etwa wieder zum Vorschein käme, wäre die Gunst des Obersten durchaus nicht so hoch anzuschlagen, als ich glaubte, und die Liebe dieses Fürsten weit wünschenswerther für mich. Der Oberst hat mir den Schmuck zwar versprochen, ich habe ihn aber noch nicht erhalten, und wenn der Fürst sich freigebiger zeigte, so wäre ich nicht abgeneigt — und käme das Geschäft zu Stande, so würde ich gewiß erkenntlich sein."

„Ich weiß nicht, ob der Raja nur der Dame die Thore seiner Burg öffnet, die er mit der vollen Gluth seines heißen Herzens liebt, oder auch Andern den Zutritt gestattet. Jedenfalls werde ich der Dame, die für ihn handelt, Ihre Wünsche mittheilen, und wenn es im Interesse des Fürsten liegt, auf dieselben einzugehen, werden Sie von ihr hören. Doch jetzt lassen Sie mich gehen; wenn Clyde nicht zum Vorschein kommt, muß ich den Heimweg antreten, sonst kann ich Ihre Botschaft nicht ausrichten."

Cölestine erhob sich, legte dem jungen Mädchen die Hand auf die Schulter und fragte in leisem Tone, aber voll erheuchelter Besorgniß:

„Wo glauben Sie, daß der Fürst Lady Arabella

verborgen hält? Sagen Sie es mir, es soll Ihr Schade nicht sein."

„In seinem Schlosse am Rawy, in der Nähe von Kaigra, dicht hinter dem Walde, in dem der große Hindutempel liegt, zu dem starke Caravanen von Wall= fahrern ziehen. Die Zugänge sind nur den Priestern und den Eingeweihten bekannt, werden auch überdies noch stark bewacht."

„Dort befindet sich ja auch die Pflanzung des Obersten, die er nach Ablauf einiger Monate besuchen will."

„Die Pflanzung liegt mehr denn dreißig Meilen davon entfernt, sie ist eine der letzten brittischen Be= sitzungen nach dieser Richtung hin, wie mir Clyde sagte."

„Desto besser; wenn sie weiter davon entfernt ist, läßt sich mein Plan leichter ausführen. Ich reise mit dem Obersten bis zu seiner Villa, und von dort kann mich der Fürst abholen lassen, dafern er auf meine Wünsche eingeht."

Die Kleine dachte einen Augenblick nach, dann sagte sie in leisem Tone:

„Wenn ich Ihnen die Gefälligkeit erzeigen soll, um die Sie mich gebeten, erzeigen Sie mir vielleicht eine gleiche Gefälligkeit."

„Recht gern. Womit kann ich Ihnen dienen?"

„Sie engagiren mich sogleich als Dienerin in Ihrem Haushalt, sobald es angeht, und lassen mich die Reise dann unter Ihren Augen und dem Schutze des Obersten ebenfalls mitmachen. Ich möchte nicht länger in Calcutta bleiben."

„Wird Clyde mit diesem Arrangement zufrieden sein? Denn ohne seine Bewilligung möchte ich —"

„Er wollte Sie schon früher darum ersuchen," unterbrach sie das junge Mädchen hastig.

„Gut, so werde ich mein Möglichstes thun."

Cölestine hätte diesen Besuch gern noch so lange aufgehalten, bis sie sich mit dem Obersten in Verneh= men gesetzt und angefragt, ob es nicht besser sei, Clyde's Mitschuldige festzuhalten. Da aber das Mäd= chen mit ruheloser Ungeduld durch eine ihr unbekannte Macht zum Fortgehen gedrängt und, wie es ihr schien, von einer geheimen Furcht vor Clyde gepeinigt ward, der ihr jedenfalls verboten hatte, hierher zu kommen, so wie das Geringste ohne seine Genehmigung zu unternehmen, so drang sie nicht weiter in dasselbe und geleitete sie so geräuschlos als möglich bis zur Thür, wo sie ihr das Versprechen gab, Clyde sobald als möglich zu ihr zu schicken.

Kaum hatte sich die Thür hinter ihr geschlossen, so eilte sie, um nach Clyde zu sehen. Er lag noch immer ohne Besinnung, und seine Athemzüge waren so schwach, daß man an ihrem Vorhandensein zweifeln konnte. Sie überließ ihren Platz also noch für kurze Zeit dem Mädchen und ging, um den Oberst aufzu= suchen, nachdem ihr das Mädchen versichert, daß der Kranke sich nicht gerührt.

Als sie an Clyde's Zimmer vorüberschritt, fiel ihr ein, daß sie sich doch noch ein Mal in demselben umsehen könnte, da es noch Niemand wieder betreten, seit er es vor der Ausfahrt verlassen, weil der Oberst befohlen hatte, daß Tom — der einstweilen in seine Stelle eingerückt war — sich zum Schutze und zur Unterstützung von Mrs. Rodenbach bereit halten sollte, und sich während der Nacht in Herbert's Zimmer auf einer Matratze ausgestreckt hatte.

Sie öffnete die Thür. Die Bastmatten waren noch herabgelassen, aber zwischen denselben hindurch lugte ein Briefchen, welches offenbar vom Garten aus hereingesteckt worden war. Konnte Cölestine an Je= mand Anderes denken, als an ihre Besucherin? Wie war sie in den Garten gekommen? Jedenfalls durch die Thür, die dicht neben dem Hause in den Garten führte, aber beständig verschlossen war, da die Bewohner des Hauses stets unmittelbar aus demselben in den Garten traten. Sie mußte also einen Schlüssel be= sitzen.

Das Briefchen war versiegelt und an Mr.

M. Clyde adressirt, hatte aber keinen Poststempel, und die Tinte schien noch so frisch zu sein, daß es erst an diesem Morgen geschrieben sein mußte.

Sonst war Alles unverändert in dem Zimmer.

Cölestine stand da und hielt sich den Kopf. Sie mußte um jeden Preis in die Wohnung des Fürsten bringen, nicht um Geld und Schätze zu erhaschen, wie sie früher geträumt, sondern um jenem furchtbaren Verbrechen nachzuspüren. Aber wie, wie sollte sie dies ermöglichen?

Elftes Kapitel.

Sobald der Oberst die Klingel zog und dadurch das Zeichen gab, daß er erwacht sei, ließ ihn Cölestine dringend um eine Unterredung bitten, und als sie gewährt wurde, theilte sie ihm die Unterredung mit dem Mädchen in einer Weise mit, daß er erfuhr, was auf die Juwelen und ihre Beziehungen zu Clyde von Wichtigkeit war. Was auf seine Tochter Bezug hatte, verschwieg sie, da sie nicht Besorgnisse erregen und Schrecken heraufbeschwören wollte, die möglicher Weise nur in ihrer Phantasie existirten.

Auch übergab sie ihm ihren Fund. Die kleinen Päckchen waren in hindostanischer Sprache als Gift zum Tödten, zum Betäuben bezeichnet, was das Wort Bhadra Kali — Todesgöttin — bezeichnete. Das besonders eingewickelte ward als Gegengift bezeichnet und auf dem Umschlage genau die Dosis angegeben, die erforderlich sei, um den Kranken zu retten, der von dem ersteren genossen.

Der Oberst schlug vor Entsetzen die Hände zusammen und rief zähneknirschend, die Pulver von sich schleudernd:

„So gehört jener Halunke wohl gar der Bande von Vergiftern an, die seit einiger Zeit hier ihr Wesen treibt, oder steht im Solde irgend eines einflußreichen Mannes, der uns Europäer vernichten will. Wenn ihn Gott nicht abruft, muß er sofort in's Gefängniß, und die saubere Miß Ledgewood dazu."

„Dies ist auch meine Ansicht," entgegnete Cölestine.

„Ich werde sogleich auf die Commandantur schicken und bitten lassen, daß ihre Wohnung umzingelt wird."

„Würde dies nicht zu viel Aufsehen erregen?"

Der Brief, den Cölestine zwischen den Fenstervorhang gefunden, bewies deutlicher, als ihre Zugeständnisse, daß sie und Clyde mit den Eingebornen auf geheimnißvolle Weise verkehrten, denn sie forderte ihn auf, unverzüglich nach Garden Reach zu kommen, wo eine Botin des Fürsten der Mahratten ihn erwartete.

Der Brief aus dem Rockfutter war gleichfalls wichtig. Die beigefügte Adresse setzte den Londoner Polizeiagenten gewiß in den Stand, wirksamere Nachforschungen anzustellen, ganz besonders nach dem in Australien Verschollenen, der jedenfalls Mr. Robenbach war, wenn auch der Oberst es jetzt noch nicht glaubte. Der Brief sollte daher sogleich nach England abgeschickt werden, und der Oberst beschloß, selbst zu seinem Banquier zu fahren, so wie zur Bewachung der Wohnung der schon erwähnten Wirthin, der Besitzerin des zierlichen Bambushäuschens, die er sehr wohl kannte, da sie als Marketenterin mit einem englischen Regimente herübergekommen war, selbst Leute zu bestellen, die sich den Anschein geben sollten, sie seien Gäste. Dadurch wurden nicht blos alle Weitläufigkeiten, sondern auch alles Aufsehen vermieden, und dies war wichtig, da der Oberst doch nicht genau wußte, wie weit er gehen dürfe. Er wählte daher zwei Männer, die ihm seit Jahren auf Reisen nach seinen verschiedenen Besitzungen und auf Jagdausflügen als Begleiter gedient und ihm als zuverlässig bekannt waren. Der Oberst mühte sich so eifrig, daß er sein eigentliches Frühstück, für ihn die Hauptmahlzeit, im Stiche ließ und nur während des Ankleidens einige Bissen hinunterschlang, die den heftigsten Hunger abhalten sollten.

Obschon der Oberst entschieden bestritten hatte, daß der erwähnte Mann, der nach Australien geschickt worden sei, Robenbach sein könne, so merkte Cölestine

doch, daß er ihre Befürchtungen theile, und weil dies
der Fall, dem Unglücklichen sobald als möglich seine
Hilfe in dem ausgedehntesten Umfange bieten wollte.
Sie fühlte hierin eine Beruhigung, dies war aber
auch die einzige. Wenn der Oberst seine Mahlzeiten
im Stiche ließ, dann war er gewiß ungewöhnlich
erregt, und wir dürfen uns nicht wundern, daß Cö=
lestine, dies bedenkend, sobald er das Haus verlassen,
unter der Last des Jammers fast zusammenbrach.
War es nicht auch gräßlich, es sich zu vergegenwär=
tigen, daß ihr Gatte, der redliche und allzu empfind=
liche Rodenbach, unter rohen Verbrechern leben mußte
und vielleicht gar über kurz oder lang den körperlichen
Anstrengungen oder den seelischen Martern unterlag,
wenn dies nicht schon geschehen?

So fand sie der Arzt, der endlich kam, um nach
Clyde zu sehen, und nachdem er ihn beobachtet, erklärte,
daß heute noch weniger Aussicht auf Besserung sei,
als gestern. Cölestine zeigte ihm die Pulver und ihre
Bezeichnung. Er bestätigte die Aussage des Obersten,
und sie warf die Frage auf, ob er nicht glaube, daß
die Tochter des Obersten möglicher Weise nur betäubt
gewesen sein könnte, da es sich hierdurch herausstelle,
daß Clyde im Besitz eines solchen Mittels sei.

Der Doctor stutzte, sah sie nachdenklich an, gab
aber keine Antwort.

„Doctor!" rief sie jetzt lebhaft, „nehmen Sie mir
den qualvollen Verdacht, der mich noch um den Ver=
stand bringen wird, daß jenes arme Mädchen nicht in
ihrem Grabe an der Seite ihrer Mutter ruht', sondern
vielleicht irgendwo als Gefangene in den schimpflichsten
Verhältnissen schmachtet. Lassen Sie sich ihr Grab
öffnen, Sie sind ein bekannter Arzt und können dies
fordern. Brauchen Sie Geld, so sagen Sie es mir.
Verlangen Sie das Oeffnen im Namen der Wissen=
schaft und zahlen Sie reichlich."

„Gut, Mrs. Rodenbach, ich will Ihnen dienen —"

„Ach, hören Sie mich an. Und ist sie nicht in
demselben, dann wehe dem Buben, der dieses höllische
Gaukelspiel vollbracht!" unterbrach sie ihn.

„Sie wissen, Mrs. Rodenbach," fuhr der Arzt
ruhig fort, „wie ich Sie so tief verehre, daß es mich
freuen würde, Ihnen meine Ergebenheit durch irgend
einen Dienst, den ich Ihnen leisten kann, zu bethä=
tigen; dennoch nehme ich Anstand, dieser Aufforderung
zu folgen, da die Gewißheit sicher noch gefährlichere
Wirkungen auf Ihre leicht erregbaren Nerven äußern
würde, als der Verdacht, denn so qualvoll er auch
martern mag, so kommt er doch nur zuweilen, nur in
den schwachen Stunden, in denen die Sonne, die erst
allen Gegenständen Glanz und Wärme verleiht, hinab=
gesunken ist, während die Gewißheit, wie die unum=

stößliche Wahrheit nicht zu widerlegen ist, so sehr wir auch eine Selbsttäuschung wünschen."

„Sie mögen Recht haben," unterbrach sie ihn auf's Neue, „ich bin aber nicht Ihrer Meinung, wenn Sie behaupten, ich sei jetzt ruhiger. Ich muß auf jeden Fall selbst in jenes Grab schauen, wenn Sie meine Bitte abschlagen, und sollte ich allein und in der Stunde der Mitternacht an die dunkle Pforte klopfen, deren Hüter ich neulich scharf in's Auge faßte, als ich mit dem Obersten die Stätte besuchte, wo er die letzten Reste seiner Theuren wähnt. Der Wächter trägt nur zu sehr die Züge eines Schurken, als daß ich ihn nicht einer Mitwirkung bezüchtigen sollte."

„Gehen Sie nicht hin, Sie sind hier nicht in Europa. Sie können nicht wissen, welche Schrecken Sie dort erwarten, wenn der Mann ihre Gedanken erräth und wirklich ein Schurke ist."

„Ich gehe, und vielleicht schon diesen Abend, denn im Fall das Grab leer ist, werde ich Clyde in der Stunde des Todes noch die furchtbare Wahrheit entgegendonnern."

„Wenn Sie ein Mal so fest entschlossen sind, so kommen Sie sogleich und unter meinem Schutze. Wir nehmen einen Wagen, Sie können in kurzer Zeit zurück sein."

„Wollen Sie nicht allein hingehen? Wenn Sie

mir bei Ihrer Ehre versichern, mir die Wahrheit zu sagen, glaube ich Ihnen. Ich mag weder Clyde jetzt verlassen, noch den Obersten wissen lassen, daß ich das Haus verließ, während er nicht da war."

Der junge Arzt ergriff ihre Hand, drückte einen glühenden Kuß darauf und entfernte sich, nachdem er ihr feierlich versprochen, ihr die Wahrheit zu sagen.

Cölestine nahm wieder an Clyde's Lager Platz und gab ihm seinen kühlenden Trank, während sie selbst auf Anrathen des Arztes ein Glas Wein und einige Bissen Schinken genoß, um ihre Kräfte nicht gänzlich aufzureiben.

Die Stunden schlichen eben so träge hin, wie es in der Nacht der Fall gewesen. Da die vollkommenste Stille im Hause herrschte, der Lärm der Straße nur sehr gedämpft in die hinteren Räume drang und Cö= lestine sich in einem Zustande der höchsten Abspannung befand, so schlief sie endlich ein, nachdem sie erst lange tapfer dagegen angekämpft. Mehrere Male mochte sie ängstlich Rodenbach's Namen gerufen haben, sie erwachte darüber, schlief aber immer wieder ein, ob= schon die Thränen über ihre Wangen rollten.

Plötzlich erwachte sie ordentlich, es schien ihr, als habe eine leise Stimme ihren Namen gerufen, und als sie sich so weit ermannte, daß sie den Traum von der Wirklichkeit unterscheiden konnte, sah sie, daß

Clyde's Blick mit dem Ausdruck vollen Bewußtseins auf ihr haftete, und in demselben Todesangst und der Wunsch, sich mitzutheilen, mit einander kämpften.

Sie erhob sich, neigte sich über den Kranken und fragte:

„Wollen Sie trinken, oder haben Sie mir Etwas zu sagen?"

Clyde versuchte die Hand zu seinen Augen zu erheben, um eine Thräne hinwegzuwischen. Cölestine unterstützte ihn und gab ihn zu trinken.

„Glauben Sie, daß ich sterben muß?" fragte er leise.

„Ja, der Arzt sagt, vielleicht schon heute. Ich werde Sie aber nicht verlassen und will Ihnen das Gebet für die Sterbenden entweder selbst lesen, oder Ihnen den Prediger des Regiments, mit dem Sie herübergekommen sind, holen lassen, wenn Ihnen das lieber ist.

Clyde schüttelte den Kopf und fragte matt, nach= dem er ihre Hand an seine Lippen gezogen:

„Wo ist der Oberst? Ich habe ihm Etwas mit= zutheilen."

„Er ist ausgegangen. Sagen Sie es mir und ich werde es redlich bestellen."

„Weßhalb ließ er mich durch Castor festpacken?"

„Er glaubt, daß Sie die Juwelen gestohlen und

meinen Gatten ermordet haben, um in ihren Besitz zu gelangen. Sie sollten festgenommen werden."

Clyde schrie laut auf.

Cölestine sagte flehend:

„Um Gottes willen, reden Sie die Wahrheit. Nehmen Sie die Todesangst von einer Frau, die —"

„Die Juwelen habe ich allerdings gestohlen," unterbrach sie Clyde matt. „Sie befinden sich in mei= nem alten Koffer, der einen doppelten Boden hat und in meinem Zimmer steht, aber Mr. Rodenbach ist Nichts geschehen, als daß er aus dem Wagen geworfen worden ist."

„Gott habe Dank!" rief Cölestine auf ihre Kniee stürzend.

„Er hat Ihnen sogar diese Thatsache schon hierher geschrieben," fuhr Clyde fort. „Ich habe den Brief unterschlagen und verbrannt, um Ihre Nachforschungen zu erschweren und — und — die Schuld auf ihn zu —"

Clyde hatte zuletzt unzusammenhängend gesprochen und mußte beinahe zwischen jedem Worte eine Pause machen. Cölestine errieth mehr, was er sagen wollte, als daß sie es verstand. Und eben diese Schwäche, diese gänzliche Hilflosigkeit war es, die ihrem Zorne Fesseln anlegte und sie ihre Herrschaft bewahren ließ.

Sie fragte daher auch nach kurzem Nachdenken:

„Wollen Sie Sally Ledgewood sehen?"

Er fragte sie erschrocken:

„Was wissen Sie von Sally Ledgewood?"

„Sie war erst hier, um Sie zu sprechen, und als ich ihr versichert, daß sie das nicht könnte, legte sie einen Brief mit diesem Namen unterzeichnet her. Wir sollten denselben an Sie abgeben."

„O, lassen Sie das arme Mädchen gehen, welches nur mir zu Liebe zur Verbrecherin ward," sagte Clyde angsterfüllt in bebendem Tone.

„Ich will Ihnen geloben, daß ihr kein Haar ge= krümmt werden soll, dafern Sie mir unumwunden gestehen, was aus der Tochter des Obersten geworden ist, die nicht todt, nicht in ihrem Grabe ist."

Clyde drückte die Hand auf die Augen, begann zu stöhnen und mit furchtbarer Anstrengung zu athmen. Er versuchte zu sprechen, die Sprache versagte ihm aber den Dienst. Cölestine neigte sich über ihn und flüsterte in sein Ohr:

„Sie werden nur dann Barmherzigkeit bei dem gerechten Richter finden, wenn Sie bekennen, wo sie sich befindet, und uns die Mittel angeben, durch die wir zu ihr gelangen können."

Clyde streckte abwehrend die Hände aus, sein Kampf ward härter, Blut überströmte die Decke, und obschon er sich bemühte, zu sprechen, kam kein Laut über seine Lippen.

„Wo ist Arabella? Unglücklicher, sprich, sprich um Gottes willen!" rief sie wild. Sie faßte seine Hände, sie rüttelte ihn, sie hielt ihr Ohr an seinen Mund, er gab oder konnte keine Antwort mehr geben, so krampfhaft sich auch sein Gesicht verzerrte.

Cölestine war aufgeregt, sie war erschüttert, und als sie sah, daß menschlicher Wille hier Nichts vermochte, sank sie auf ihre Knice und betete zu Gott um Hilfe und Erbarmen. Clyde's Augen folgten ihr mit dem Ausdruck vollbewußter Todesangst. Sie sah, daß er zu sprechen und die belastete Brust durch ein Geständniß zu erleichtern wünschte, es war jedoch zu spät, die Todesangst trieb die heißen Blutwellen noch ein Mal nach dem armen Herzen, er krallte die bebenden Finger in die keuchende Brust, noch einige bange Schläge — und es war vorbei.

Cölestine blieb auf den Knicen liegen. Wenn sie auch im ersten Augenblicke nahe daran gewesen war, aufzuschreien vor Jammer und Verzweiflung, so verstummte doch jede leidenschaftliche Regung Angesichts des Todes, und der feierliche Moment fand seine volle Würdigung in ihr. Sie betete heiß und inbrünstig, daß Gott der Seele des armen Sünders gnädig sein möge und ihr weltlich gesinntes Herz durch diesen

furchtbaren Anblick zu sich ziehen wolle für Zeit und
Ewigkeit.

Lange lag sie auf den Knieen, während die Ge=
danken Welten durcheilten und den Gatten in dem
fernen Australien, ihr Kind und ihre Eltern in dem
hinter ihr liegenden Europa suchten. Niemals war
sie sich so verlassen, niemals . so unbedeutend vorge=
kommen, als in dem Augenblicke, wo sie einsehen
mußte, daß nichts Irdisches von Bestand ist.

Es schien ihr, sie sei ein Sandkorn, welches die
Winde in dem großen Sandmeer der Wüste weiter
trieben und verwehten, wenn sie sich nicht an und in
Gott eine Stütze suchte, und so ergriff sie denn diesen
Stab in dem Augenblicke, wo sie zwar das Geständniß
erhalten, daß die Ehre ihres Gatten gerettet, wo aber
ein anderer zermalmender Schlag mit furchtbarer Wucht
auf ihre Seele gefallen, denn während sie geschlafen,
hatte das Mädchen leise einen Zettel in ihren Schooß
gelegt, auf dem sie die Worte gelesen: ·

„Sie haben sich nicht geirrt, man hat den schänd=
lichsten Raub begangen, das Kleinod ist verschwunden.
Ich komme später selbst, jetzt ruft mich die Pflicht."

Derselbe bestätigte also, was sie aus Clyde's
Betragen errathen.

Als der Oberst zurückkehrte, theilte sie ihm das
Verscheiden und das Geständniß Clyde's mit. Der

alte unscheinbare Koffer, der schmutzige Wäsche, alte
Papiere, verbrauchte Handschuhe und das Putzzeug
des Dieners enthielt, und den sie schon ein Mal
erfolglos durchsucht, ward einer genaueren Prüfung
unterworfen, als es anfangs geschehen, und bald fand
sich, daß Clyde nicht gelogen, denn neben dem Schmuck
in seiner prächtigsten Fassung fanden sich noch einige
Notizbücher mit werthvollem Inhalt, die herrlichen
Perlen und ein Etui mit kostbaren Ringen und Uhren,
und eine Nadel in Form eines Vergißmeinnichts.

Der Oberst machte Cölestine hierauf aufmerksam;
während er sagte: „Der Bursche scheint wirklich mit jener
Diebsbande, deren Chef vielleicht der in dem englischen
Briefe declarirte Spitzbube ist, in Verbindung zu
stehen," durchlief er die Notizen, jedoch ohne irgend
Etwas zu finden, was auf Rodenbach Bezug gehabt.

„Vielleicht ist er gar der Agent der Diebe am
hiesigen Platze gewesen," setzte er nach kurzem Nach=
denken hinzu, „und verkauft, was in England ver=
schwindet, an die Eingeborenen, die uns trotz aller
Versicherungen von Freundschaft doch stets feindlich
gegenüberstehen werden und den Vernichtungskampf
gegen uns fortsetzen, so lange sie es vermögen."

„Ja, Sie können vielleicht der Polizei in Eng=
land einen wichtigeren Dienst geleistet haben, indem

Sie jene Adresse einsandten, als Sie ahnten, wie Sie dieselbe abschickten," entgegnete Cölestine. „Doch was gedenken Sie in Bezug auf seine Verbündete zu thun?"

„Wichtig bleibt es auf alle Fälle, das junge Mädchen festzuhalten, und ich werde sofort die geeig= neten Schritte thun, um sie hier an Clyde's Leiche beobachten zu können."

Der Oberst ließ anspannen und fuhr auf das Polizeiamt, um sogleich einen der Beamten zu requi= riren, der sich für einen Diener des Obersten aus= geben und unter dem Vorwande, daß sie der Oberst engagiren wollte, das junge Mädchen in dem Wagen desselben abholen, hierher begleiten sollte, jedoch ohne sie vorher von Clyde's Fall und seinem Tode zu unterrichtene

Cölestine erbat sich die Erlaubniß, einstweilen in dem Zimmer Sally's bleiben und statt ihrer die An= kunft der indischen Dame erwarten zu dürfen, da Sally, statt dorthin zurückzukehren, in's Gefängniß wandern sollte.

Obschon der Oberst nicht einsah, was sie eigentlich hiermit bezweckte, so hatte er doch auch keinen Grund, ihr eine so scheinbar einfache Bitte zu verweigern. Er schenkte ihr den Perlenschmuck mit dem Bedeuten, daß er von Anfang an für sie bestimmt gewesen.

Sie nahm ihn ohne Umstände an, denn sie wollte sich nicht damit schmücken. Sie machte von ihrem Eigenthumsrechte einen bessern Gebrauch, sie wollte ihn zum Anknüpfungspunkte der Unterhandlungen mit der Hindufrau benutzen, von der sie Auskunft über das Schicksal Arabella's zu erhalten hoffte. Kam das Geschäft zum Abschluß, so war es ihr ebenfalls recht, denn mit dem dafür erhaltenen Gelde konnte sie nicht blos die Kosten der Reise nach England, sondern auch die nach Australien bestreiten, falls es sich herausstellte, daß sie Clyde getäuscht und ihr Gatte sich dort befand. Zu ihm wollte und mußte sie, namentlich wenn der Oberst so glücklich war, sein Kind wieder zu finden, sie also entbehren konnte.

Sobald der Wagen des Obersten Sally und ihren Begleiter abgesetzt haben würde, sollte er nach der Verabredung Cölestine aufnehmen und nach Garden Reach bringen. Sie wünschte aus mehr als Einem Grunde, dem jungen Mädchen nicht wieder zu begegnen, besonders da es beschlossen, daß sie direct nach dem Gefängnisse abgeführt werden sollte, sobald man sie überzeugt, daß ihr Beschützer oder Tyrann, oder was er sonst sein mochte, todt sei und sie nur nach den Eingebungen des eignen Verstandes handeln müsse.

Deßhalb verbarg sie sich hinter dem Muskitonetz, als das junge Mädchen, dem man beim Eintreten gesagt, Clyde sei erkrankt, er könne aus diesem Grunde nicht zu ihr kommen und wünsche sie zu ſ.chen, aus dem Wagen ſtieg, und ſchlüpfte erſt hinein, als ſich die Thür hinter Sally und ihrem Begleiter geſchloſſen.

In kurzer Zeit hielt der Wagen vor Mutter Dinorah's reizendem Häuschen. Sie ſtellte ſich der Eigenthümerin als eine Freundin Clyde's vor, die in der Abweſenheit Sally's auf die Fremde warten wollte, die wegen des Schmucks dageweſen ſei. Sie zeigte ihr die Perlen und bat, dieſelbe erwarten zu dürfen.

„Die Frau ſpricht nur hindoſtaniſch," antwortete Mutter Dinorah ſchmunzelnd. „Wenn Sie dieſe Sprache nicht verſtehen, wie ich vermuthe, ſo müſſen Sie mich eben ſo gut zur Dolmetſcherin annehmen, wie es Miß Sally gethan hat, die auch nur engliſch reden konnte, da ſie noch nicht lange im Lande war."

„Das will ich ſehr gern, oder vielleicht iſt es nicht nöthig, daß ich überhaupt die Fremde ſelbſt ſpreche. Da Sie mir ſagen können, was bisher ge= ſprochen worden iſt und für wen die Fremde den Schmuck kaufen wollte, ſo können Sie vielleicht die Unterhandlungen allein zu Ende bringen."

„Die Fremde iſt die Aja einer jungen Dame, die ſich im Palaſt des Fürſten Daſchi el Abed in Lahore oder auf einem ſeiner Schlöſſer dort in der

Nähe befindet. Sie wollte, so viel ich weiß, außer dem Schmucke, den die junge Dame, ihre Schülerin, erhalten sollte, auch Sally mitnehmen; das junge Mädchen, welches ihr sehr gern gefolgt wäre, wagte jedoch nicht eher fortzugehen, als bis Mr. Clyde seine Einwilligung dazu gegeben hätte, und um dieselbe zu erlangen, war sie gestern früh nach dem Hause des Obersten gegangen."

„In welchem Verhältnisse steht das Kind zu Clyde?"

„Das weiß ich nicht. Sally ist vor ungefähr einem Monate mit einer englischen Herrschaft, die nach dem Pendschab reis'te, als Nurse mit herüber= gekommen, hat sich aber hier von der Familie getrennt, und Mr. Clyde, der ihr Verwandter ist und der mich schon von früher kannte, gebeten, ihr einen passenden Ort zu suchen. Er brachte sie zu mir, wo sie auf ein anderes Unterkommen wartete."

„Hatte er Etwas für sie in Aussicht?"

„Er hat, wie er mir sagte, ihretwegen an seine frühere Herrin, die sich jetzt in Delhi befindet, ge= schrieben und sie gebeten, sich des Mädchens anzu= nehmen, oder ihr ein Unterkommen zu verschaffen, wenn in ihrem Hause kein Platz für dasselbe sei."

„Glauben Sie, daß Sally ein gutes Mädchen ist?"

„Jedenfalls würde sie besser in das Haus eines

Sheik, als in das einer englischen Lady paſſen," be=
merkte die Wirthin mit verſchmitztem Lachen.

„Wiſſen Sie, wie die Hindufrau reiſ't?"

„Unter der Bedeckung der fürſtlichen Diener."

„Alſo würde man ganz ſicher ſein, wenn man
ſich unter ihren Schutz begeben wollte?"

„Gewiß, dafern ſie Ihnen denſelben gewährt."

Die Frau führte ſie in Sally's Zimmer, und
Cöleſtine wartete eine Stunde vergebens auf die Frau,
die ſie fürchtete, aber auch herbeiſehnte. In dieſer
Zeit hatte ſie Muße genug, einen Plan, der in ihr
aufgeſchoſſen, zur Reiſe zu bringen. Sie rief alſo
Mutter Dinorah noch ein Mal herauf und ſagte in
ihrer gewinnenden Weiſe:

„Ich habe mir überlegt, daß ſich mir niemals
wieder eine ſo gute Gelegenheit bieten wird, die Reiſe
nach Lahore zu unternehmen. Ich werde alſo ver=
ſuchen, ob ich mich ihr anſchließen kann. Sagen Sie
ihr dies, im Fall ſie hierher kommen ſollte, ehe ich aus
dem Hauſe des Oberſten zurückgekehrt bin, wo ich mir
alles für die Reiſe Nöthige holen will, und nehmen
Sie vorläufig dieſes Goldſtück für die Mühe, die Sie
mit mir gehabt."

Mutter Dinorah machte ihren zierlichſten Knix,
aber wahrſcheinlich nur deßhalb ſo tief, damit Cöleſtine
nicht das Leuchten ihres Auges und das verſchmitzte

Lächeln, welches ihren welken Mund umspielte, sehen möchte. Cölestine las sofort den Hintergedanken, that aber, als habe sie keine Ahnung, und entfernte sich.

Mutter Dinorah war jedenfalls eines zweiten Goldstücks sicher.

Der Wagen des Obersten fuhr bald darauf an dem Hause desselben vor, Cölestine hörte, daß Sally ganz unbewegt am Lager Clyde's gestanden, und nur erst dann zusammengebrochen war, als ihr der ver= meintliche Diener im Namen des Gesetzes den Weg vertreten hatte. So war sie abgeführt worden und sah einem Verhöre entgegen.

Der Oberst war, da sein eigner Wagen nicht zu seiner Disposition daheim gewesen, in einen Mieth= wagen gestiegen und davongefahren. Cölestine ver= muthete, um einen genauen Bericht von dem Vorge= fallenen sogleich nach England abzusenden.

Es war ihr lieb, ihm jetzt nicht zu begegnen, sie packte hastig einen kleinen Koffer und fuhr schon nach Ablauf einer halben Stunde wieder nach Garden Reach, ließ den Koffer hinaufschaffen und schickte den Wagen mit dem Bemerken nach Hause, daß sie zu Fuße heimkehren werde, sobald die Geschäfte abgethan sein würden, wegen deren sie hier sei.

Die Aja von Lady Arabella, wie sie bestimmt glaubte, erwartete sie bereits. Sie hatte ein abstoßendes

Geſicht. Das Unedle und Heimtückiſche im mongo=
liſchen Typus war maſſenhaft in demſelben vertreten,
und Cöleſtine fühlte einen geheimen Schauder ihren
Körper durchrieſeln, wenn ſie bedachte, daß dieſes ent=
ſetzliche Weib die Herrin der armen Arabella ſein
könne, und ſie ſelbſt gezwungen ſei, Wochen, ja viel=
leicht Monate in ihrer Geſellſchaft zuzubringen, ehe
ihre Bemühungen von Erfolg gekrönt würden.

Dieſe Schwäche war aber nur vorübergehend, ſie
ſtachelte ſich ſelbſt zu ruhiger Freundlichkeit auf und
ließ ihr, nachdem ſie das Etui mit dem Perlenſchmuck
geöffnet, durch Dinorah ihre Wünſche, Geſellſchafterin
der Gemahlin des Fürſten zu werden, kund thun.

Die Aja verſicherte, daß ihr das nicht ſchwer
werden würde, ſobald ſie ihr das Wort redete, da der
Fürſt, ein Mann in mittleren Jahren, vorzugsweiſe
Europäerinnen liebe. Dabei überlief ihr funkelndes
Auge die edle Geſtalt Cöleſtinens, muſterte die ſchönen
Zähne, blieb endlich an ihrem geiſtvollen Geſicht,
ihren ſammtſchwarzen Augen haften, und prüfte ſogar
mit der Hand die Weiche ihres dunklen, üppigen Haars.

Cöleſtine erröthete vor Unwillen, Scham und
Stolz, die Hand fuhr in die Taſche des Kleides, um
ſich zu vergewiſſern, daß ſich der kleine, aber ſcharfe
Dolch des Oberſten, den ſie mitgenommen und trotz
ſeiner vergifteten Spitze zu gebrauchen entſchloſſen war,

sich wirklich an seinem Platze befinde und sie im Noth=
fall davon Gebrauch machen könnte, auch hatte sie ein
Terzerol in ihrem Koffer verborgen und die nöthige
Munition in reichlichem Maaße beigefügt.

Als nun noch zum Ueberfluß Cölestine der hab=
gierigen Indierin die Hälfte der Summe versprochen,
die sie aus dem Verkauf des Schmuckes gelös't, und
ihre Bereitwilligkeit, ihn dem Fürsten zu überlassen,
ausgesprochen, wenn sie sie sicher bis zum Angesicht
des Fürsten brächte, und ihr versicherte, sie könne aus=
gezeichnet singen und viele Instrumente spielen, be=
hauptete Aja plötzlich, auch keinen Augenblick länger
auf die Rückkehr Sally's warten zu können, wie sie
anfänglich beabsichtigt, ja sie gab Cölestine nicht ein
Mal Zeit, noch einige Erfrischungen anzunehmen, die
ihr Mutter Dinorah bot und als ausgezeichnet anpries,
sondern ließ einen reichlichen Vorrath davon für die
Dauer der Reise einpacken.

Bald saßen die Damen in dem Palankin, dessen
reichgeschmückter Baldachin bewies, daß er das Eigen=
thum eines vornehmen Mannes sei, und die Diener,
die ihn trugen, setzten sich in Bewegung.

Sie ließ die Vorhänge herab, gab den andern
Dienern Befehl, das Gepäck und die Elephanten, die
den Reisepalankin tragen sollten, aus der Stadt zu
holen, und Mutter Dinorah erklärte ihr, daß sie die

Stadt gar nicht wieder berühren, sondern dem Reise=
troß erst später begegnen würden.

Die Sonne tauchte eben ihre glühende Kugel in
die trüben Fluthen des Hoogly, und wahre Ströme
von Feuer schossen in tausend sich brechenden Strahlen
über der Oberfläche hin, als die Reisenden sich seit=
wärts, landeinwärts wendeten, und Cölestine den Blick
statt rückwärts zum Abschiede, vor sich, in ein unbe=
kanntes Land, richtete. Eine Thräne perlte über ihre
Wange, sie hatte jedenfalls einen Pfad betreten, der
für sie wahrscheinlich nur Dornen trug, doch es mußte
sein, sie wollte dem Obersten entweder sein Kind, oder
sichere Kunde von den Leiden desselben heimbringen.
War dies geschehen, dann war ihre Aufgabe hier
erfüllt.

Deßhalb ließ sie sich ruhig mit ihrem Tragsessel
auf den Rücken des Elephanten packen, der mittlerweile
eingetroffen war. Wenn ihre Mission gelungen, konnte
sie so schnell als möglich nach Europa. Diese Gewiß=
heit gab ihr die Kraft, deren sie bedurfte.

Ende des zweiten Bandes.